Myriams

KUCHEN TARTES & CO.

MYRIAM ZUMBÜHL

Myriams

KUCHEN TARTES & CO.

AT VERLAG

AT Verlag, Aarau und München
Texte und Rezepte: Myriam Zumbühl, Once upon a Cakestand Productions, Zürich
Fotografie: Tara Fisher Photography, London
Fotoassistenz: Sue Prescott, London
Make-up: Patrick Kaestli, Make-up Artist, Zürich
Styling: Annie Rigg, London
Lektorat: Nicola Härms, Rheinbach
Gestaltung und Satz: Sanna Andrée-Müller, Freiburg i. Br.
Bildaufbereitung: Vogt-Schild Druck, Derendingen
Druck und Bindearbeiten: Offizin Andersen Nexö, Leipzig
Printed in Germany

ISBN 978-3-03800-745-6

www.at-verlag.ch
www.onceuponacakestand.com

Inhalt

10 DAS GLÜCK VOM BACKEN

13 FRÜHLING

49 SOMMER

87 HERBST

121 WINTER

156 REZEPTVERZEICHNIS

Widmung

DIESES BUCH IST meiner unvergesslichen Großmutter Katharina Zumbühl gewidmet. Ich kenne niemanden mit einem so großen Herzen und einem so wunderbaren Lachen, wie sie es hatte. Sie hat uns immer mit ihrer bedingungslosen Liebe umgeben, und sie hat mich die Liebe zu Blumen, Früchten, Gemüse und Katzen gelehrt, die mich mein Leben lang begleitet und mich für immer inspirieren wird. Sie würde jetzt wohl von Herzen lachen und eine Schwarzwäldertorte in ordentlich große Stücke schneiden. Ich vermisse sie jeden Tag, und doch hat sie mich durch jedes Rezept in diesem Buch begleitet.

Das Glück vom Backen

WENN EIN KUCHEN auf dem Tisch steht, sind alle glücklich. Auch wenn man mal traurig oder bedrückt ist, vermag ein Stück Schokoladenkuchen die Stimmung schnell aufzuhellen. Ein frisches Gebäck aus dem Ofen bringt Harmonie ins Haus, eine Harmonie, die sich auch in den Herzen breitmacht. Für mich sind Kuchen die kleinen, feinen Juwele des Küchenalltags. Ein Glanzlicht an einem Sonntag oder der krönende Abschluss eines schönen Dinners mit seinen Liebsten.

Unerlässlich für höchsten Genuss ist Qualität. Ich sage immer: Wenn schon Süßes, dann nur etwas Gutes! Das heißt: beste Zutaten. Wenn schon Schokolade, dann also richtig gute. Das Gleiche gilt für Früchte: Nur in der Saison haben sie genügend Sonne getankt, um wirklich gut zu schmecken. Außerdem bin ich fest davon überzeugt, dass wir inmitten unseres Überflusses wieder zu dem zurückfinden müssen, was in unserer unmittelbaren Umgebung wächst. All die Früchte und Gemüse, die in unseren Gärten gedeihen, sind ein Stück unserer Identität, und ich sehe es als eine freudvolle Pflicht an, aus diesen Produkten das Bestmögliche zu kochen und zu backen. Das kann ein einfacher Apfelkuchen oder eine aufwendige Quiche für den Sonntagsbrunch sein. Natürlich soll der Genuss nie mit einem schlechten Gewissen verbunden sein und auch nicht zu unnötiger Selbstkasteiung führen, sondern es soll immer die Freude am Genießen im Vordergrund stehen. Daher sind hie und da auch mal Pistazien aus dem Urlaub oder exklusive Morcheln erlaubt; im Wissen darum, dass es nichts Alltägliches ist, genießen und schätzen wir sie umso mehr. Seit ich das erkannt habe, kneift mich auch kaum mehr eine Jeans, und ich fühle mich in meinem Körper wohl, in Einklang mit den Köstlichkeiten, die die Natur zu jeder Saison hervorbringt.

Es ist kein Zufall, dass ich mich durch ein Gartenjahr gebacken habe. Ich hatte das große Glück, als Kind in einem wunderschönen Garten und auf dem Bauernhof meiner Großeltern den ursprünglichen Geschmack von reifen Früchten und Gemüsen kennenzulernen. Ich weiß, wie eine reife Himbeere schmeckt, denn meine Großmutter hat sie frisch vom Strauch für uns gepflückt. Kirschen habe ich schon als kleines Mädchen zusammen mit meinen Schwestern vom riesigen Kirschbaum gepflückt. Mein Großvater hat mir ein kleines Pflückkörbchen um den Bauch gebunden, ist beschützend mit mir die hohe Leiter hinaufgestiegen und hat mir die Äste zugestreckt, von denen ich die reifen Früchte ernten konnte.

Es sind solche unvergessliche Erlebnisse, die ich auch all die Jahre später noch vor meinem inneren Auge sehe. Ich weiß noch genau, wie sich die Haut meiner Großmutter angefühlt hat, als sie mich zum Beerenlesen bei der Hand nahm. Und ich höre deutlich die Stimme meines Großvaters, wie er mich liebevoll ermahnte: »Obacht auf der Leiter!« Und vor allem schmecke ich immer noch, wie die reife Frucht, frisch vom Strauch oder Baum, geschmeckt hat.
Es ist eine wichtige Erfahrung für mein Leben und eine wichtige Referenz für alle späteren Geschmackserfahrungen.

Solch genussvolle Erlebnisse wünsche ich auch Ihnen und Ihren Lieben. Sie machen den Bauch glücklich und damit auch den Körper gesund und stark.

Ich freue mich, wenn Sie sich mit mir durchs Gartenjahr backen, denn es erfüllt das Leben mit Glück.

Myriam Zumbühl

PROFITEROLES (REZEPT SEITE 18)

Frühling

ENDLICH STRAHLT DER Himmel wieder kobaltblau in seiner ganzen Pracht. Morgens pfeifen mich die Spatzen aus dem Bett und scheinen mir zuzurufen: »Hopp, auf! Los geht's!« Flink, mit wehendem Haar zum Markt, wo der erste Spargel, Erbsen und junger Lauch auf den Ständen bereitliegen und zu kulinarischen Höhenflügen inspirieren. Ist es Zufall oder himmlische Fügung, dass die erste Ernte des Jahres ganz in Grün daherkommt? So frisch und fröhlich wie die Jahreszeit selbst!

DIE ERSTEN KRÄUTER der Saison: das Basilikum noch blutjung, der Schnittlauch butterzart, der Thymian mit fragilen kleinen Blättchen, aber doch aromatisch genug, um ein Gericht mit seinem Geschmack zu krönen.

NUN WIRD ALLES wieder leicht und luftig. Statt warmem Pullover Baumwollbluse, statt eingemachten Früchten mit Zimtaroma der erste Rhabarber der Saison. Noch etwas bitter im Geschmack, gerade dadurch aber ein perfekter Weckruf des Gartens. Er ergibt einen schönen Farbtupfer im Dessert und bereitet die Geschmacksknospen auf all das vor, was der Sommer in puncto Aroma noch mit uns vorhat.

WENN DIE FRÜHLINGSABENDE in laue Sommernächte übergehen, sind auch die ersten heimischen Beeren da. Süße Erdbeeren, die mit einem Tupfer Mascarpone oder Schlagrahm im Nu zum kulinarischen Gedicht werden. In der Blumenvase drängen sich Maiglöckchen und Tulpen. Die ersten Marienkäfer kitzeln frech die Nasenspitze und nehmen – wenn sie abheben – unsere Wünsche fürs Jahr mit in den Himmel. Ein Hauch Dolcefarniente liegt in der Luft, wenn der Duft von Gegrilltem über dem Grillfeuer aufsteigt, das erste Gemüse der Saison neben einem schönen Stück Fleisch gart.

ENDLICH IST DER Frühling da, der sich für mich immer ein bisschen wie ein Neuanfang anfühlt.

Das Gugelhupf-Backen habe ich bei niemand Geringerem als der Gugelhupf-Königin selbst, Christine Ferber aus Niedermorschwihr im Elsass, gelernt. »Ein Gugelhupf braucht viel Geduld und Sorgfalt«, hat sie mich ermahnt. Und als wir in ihrer Backstube den Teig mit Kraft auf den Tisch schlugen, bis er schön elastisch und butterzart war, gab's immer viel zu lachen. Mir gefällt dieses Rezept ganz besonders gut. Merci, Christine!

Puristen mögen es mir verzeihen, dass ich meine Profiteroles mit Fruchtsorbet fülle. Aber das erfrischende Sorbet harmoniert einfach zu gut mit dem Schokoladenguss und bringt so richtig Farbe auf den Tisch.

Profiteroles

FÜR CA. 30 STÜCK

BILD SEITE 12

FÜR DEN BRANDTEIG

125 G	MEHL
225 ML	WASSER
65 G	BUTTER, IN STÜCKEN
1 PRISE	SALZ
ETWAS	ZUCKER NACH BELIEBEN
4–5	MITTELGROSSE EIER (INSGESAMT 225 G)
1	VERQUIRLTES EI ZUM BESTREICHEN

FÜR DIE FÜLLUNG

125 G	SCHOKOLADENGLASUR
350 G	FRUCHTSORBET

- Für den Brandteig das Mehl sieben. In einem Topf Wasser, Butter, Salz und nach Belieben etwas Zucker erhitzen und bis zum Siedepunkt bringen, dabei gut rühren. Das gesiebte Mehl auf einmal im Sturz dazugeben und mit einer Holzkelle kräftig rühren. Die Masse 3–4 Minuten unter ständigem Rühren weiter erhitzen, bis der Teig nicht mehr klebt.
- Den Teig in der Küchenmaschine bei mittlerer Geschwindigkeit unter ständigem Rühren auskühlen lassen. Die Eier einzeln aufschlagen und nacheinander unter ständigem Rühren zum Teig geben. Weiterrühren, bis die Masse zu einem zähflüssigen Teig geworden ist.
- Den Ofen auf 250 Grad vorheizen.
- Den Brandteig in einen Spritzbeutel mit 1½-cm-Tülle (kleine Lochtülle) füllen und zu runden Häufchen auf ein mit Backpapier belegtes Blech spritzen. Mit dem verquirlten Ei leicht bestreichen. Das Blech in den vorgeheizten Ofen schieben. Den Ofen sofort ausschalten und den Teig 15 Minuten anbacken lassen. Dann die Temperatur auf 180 Grad erhöhen und die Profiteroles etwa 15 Minuten knusprig backen. Auf einem Gitter auskühlen lassen.
- Die Schokoladenglasur erwärmen und gut umrühren. Die Profiteroles halbieren, mit etwas Sorbet füllen und am Tisch mit etwas Schokoladenglasur übergießen.

Gugelhupf
MIT GETROCKNETEN APRIKOSEN

BILD SEITE 17

100 G	GETROCKNETE APRIKOSEN
3 EL	KIRSCHWASSER
3 EL	WASSER
25 G	FRISCHE HEFE
200 ML	LAUWARME MILCH
500 G	WEIZENMEHL
60 G	PUDERZUCKER
10 G	SALZ
2 GROSSE	EIER À CA. 70 G ODER
3 KLEINE	EIER À CA. 50 G
180 G	ZIMMERWARME BUTTER
	EINIGE GANZE MANDELN FÜR DIE FORM
	ETWAS PUDERZUCKER ZUM BESTREUEN
	BESTE KONFITÜRE ZUM SERVIEREN, NACH BELIEBEN

- Am Vortag die Aprikosen fein würfeln und mit Kirschwasser und Wasser in einer Schüssel einweichen.
- Für den Vorteig in der Rührschüssel der Küchenmaschine die Hefe mit der Milch verrühren. 100 g Mehl dazusieben (unbedingt sieben, sonst bilden sich Klumpen!) und alles zu einem flüssigen Teig verrühren. Diesen Vorteig mit dem restlichen Mehl (400 g) bestreuen. Zugedeckt 20 Minuten bei Zimmer-temperatur gehen lassen.
- Dann Puderzucker, Salz und Eier dazugeben und in der Küchenmaschine zuerst 1 Minute auf niedrigster Stufe, dann 5 Minuten auf mittlerer Stufe kneten. Der Teig muss glänzend und geschmeidig sein. Die Butter hinzufügen und gut einarbeiten, bis der Teig sich von der Schüsselwand löst. Die eingeweichten Aprikosen zugeben und gut unterkneten. Den Teig in der Schüssel etwa 2 Stunden zugedeckt gehen lassen, bis sich sein Volumen fast auf das Anderthalbfache vergrößert hat. Dann den Teig von Hand vorsichtig zusammenfalten und zugedeckt weitere 1½ Stunden gehen lassen oder so lange, bis sich sein Volumen erneut fast verdoppelt hat.
- Die Mandeln in der Gugelhupf-Form verteilen. Wenn keine Silikonform verwendet wird, die Form zuerst großzügig ausbuttern. Den Teig in die Form geben und zugedeckt noch einmal etwa 2 Stunden aufgehen lassen, bis er sein Volumen ungefähr verdoppelt hat.
- Den Backofen auf 200 Grad vorheizen. Bevor der Gugelhupf in den Ofen geschoben wird, die Temperatur auf 180 Grad herunterschalten. Den Kuchen in der unteren Hälfte des Ofens etwa 45 Minuten backen. Anschließend den Gugelhupf auf ein Kuchengitter stürzen und abkühlen lassen.
- Vor dem Servieren mit Puderzucker bestäuben und nach Belieben mit Konfitüre servieren.

Death by Chocolate

FÜR ZWEI SPRINGFORMEN VON 22 CM DURCHMESSER

FÜR DEN TEIG

260 G	MEHL
50 G	KAKAOPULVER
1 TL	BACKPULVER
½ TL	SALZ
170 G	DUNKLE SCHOKOLADE, ZERKLEINERT
225 G	ZIMMERWARME BUTTER
300 G	BRAUNER ZUCKER
2	EIER
2	EIGELB
1 TL	VANILLEEXTRAKT (ODER VANILLEZUCKER)
250 ML	FETTARME MILCH
	BUTTER UND KAKAOPULVER FÜR DIE FORMEN

FÜR DIE GANACHE-FÜLLUNG

250 ML	VOLLRAHM (SCHLAGSAHNE)
15 G	PUDERZUCKER
1 PRISE	SALZ
250 G	DUNKLE SCHOKOLADE, IN GROBEN STÜCKEN

- Den Backofen auf 180 Grad vorheizen. Die Formen ausbuttern und mit Kakaopulver bestäuben.
- In einer Schüssel Mehl, Kakaopulver, Backpulver und Salz vermischen. Beiseitestellen.
- Die Schokolade über einem heißen Wasserbad schmelzen. Die Butter mit dem Zucker schaumig schlagen. Die ganzen Eier und die Eigelbe nacheinander zugeben, dann die geschmolzene Schokolade und den Vanilleextrakt hinzufügen und gut unterrühren.
- Abwechselnd die Mehl-Kakao-Mischung und die Milch zur Buttermasse geben und vorsichtig glatt rühren. Den Teig in die beiden Formen verteilen und die Oberfläche glatt streichen. Die Formen in den Ofen geben und die Kuchen 40–45 Minuten im Ofen backen. Unbedingt die Stäbchenprobe machen, um zu kontrollieren, ob die Kuchen durchgebacken sind. Die Kuchen in der Form etwas abkühlen lassen, dann auf ein Gitter geben und ganz auskühlen lassen.
- Für die Ganache den Rahm mit Puderzucker und Salz erhitzen, aber nicht kochen. Die Schokoladenstücke in eine Schüssel geben und mit dem warmen Rahm übergießen. Etwas stehen lassen, dann glatt rühren und vollständig auskühlen lassen.
- Die ausgekühlte Ganache mit dem Stabmixer aufmixen, bis eine hellbraune, weiche Masse entstanden ist. Einen der beiden Kuchenböden mit ungefähr ⅓ der Ganache bestreichen. Mit dem zweiten Kuchenboden bedecken und den Kuchen rundherum großzügig mit der restlichen Ganache bestreichen.

TIPP

Der Kuchen kann, fertig glasiert, bis zu 3 Tage im Kühlschrank aufbewahrt werden.

Ich habe das große Glück, an vielen Orten der Erde zu Hause zu sein. In Washington DC steht ein Haus mit einem Zimmer mit Blümchentapete und Prinzessinnenbett, das mir Kitty King immer bereithält. Sie und ihre Töchter Andrea und Kristi sind seit vielen Jahren liebe Freundinnen und längst zur Familie geworden. Es verbindet uns so vieles – unter anderem auch die Liebe zu diesem sündig süßen Schokoladencake. Ein Rezept, das mir Kitty King verraten hat. Girls, I miss you – always!

Lachsquiche

FÜR EINE SPRINGFORM VON 24 CM DURCHMESSER

FÜR DEN TEIG

230 G	MEHL
75 G	MAISSTÄRKE
125 G	ZIMMERWARME BUTTER
1½	TL SALZ
CA. 60 ML	WASSER
4	EIGELB
	BUTTER FÜR DIE FORM
	MEHL FÜR DIE ARBEITSFLÄCHE

FÜR DIE FÜLLUNG

150 G	GERÄUCHERTES LACHSRÜCKENFILET, KLEIN GEWÜRFELT
½ TL	ZUCKER
1 PRISE	SALZ
½ TL	LEICHT ZERSTOSSENE FENCHELSAMEN
	FRISCH GEMAHLENER PFEFFER
120 G	TOMATEN, ENTKERNT, GEWÜRFELT
1 PRISE	ZIMT NACH BELIEBEN
60 G	BUTTER
2 HANDVOLL	FRISCHER SPINAT, GEWASCHEN

FÜR DEN GUSS

1 BUND	FRISCHER DILL
4	EIER
200 G	CRÈME FRAÎCHE
150 ML	MILCH
150 ML	HALBRAHM (SAHNE)
	SALZ, PFEFFER, FRISCH GERIEBENE MUSKATNUSS
EINIGE	DILLZWEIGE ALS GARNITUR

- Mehl und Maisstärke mischen und mit einer Gabel mit der Butter vermengen. Das Salz im Wasser auflösen und mit den Eigelben zur Mehl-Butter-Mischung geben. Kurz mischen, bis der Teig zusammenhält. Den Teig zu einer Kugel formen, flach drücken, in Frischhaltefolie wickeln und 1 Stunde kühl stellen.
- Die Springform gut ausbuttern. Den Teig auf der leicht bemehlten Arbeitsfläche etwa 3 mm dick ausrollen und die Form vorsichtig damit auslegen; überstehenden Teig wegschneiden. Den Teigboden mindestens 30 Minuten kühl stellen.
- Für die Füllung das gewürfelte Lachsfilet mit Zucker, Salz, Fenchelsamen und frisch gemahlenem Pfeffer mischen. Zugedeckt 3 Stunden kühl stellen, mehrmals gut durchrühren.
- Die Tomatenwürfel mit 1 Prise Salz und nach Belieben 1 Prise Zimt mischen.
- Den Ofen auf 200 Grad vorheizen.
- Die Springform mit dem Teigboden auf ein Backblech stellen. Den Teig mit Backpapier belegen, mit Hülsenfrüchten beschweren und 10 Minuten blind backen. Backpapier und Hülsenfrüchte entfernen und den Teig weitere 8–9 Minuten hell goldbraun backen. Auf einem Gitter auskühlen lassen.
- Die Butter in einem Topf schmelzen. Den Spinat tropfnass in der zerlassenen Butter ganz kurz dämpfen, dann mit Salz und Pfeffer würzen. Abtropfen, auskühlen lassen und gut ausdrücken. Den Spinat auf den vorgebackenen Teigboden geben, die marinierten Lachs- und die Tomatenwürfelchen darauf verteilen.
- Für den Guss den Dill grob hacken. Eier, Crème fraîche, Milch, Halbrahm und Dill mischen. Mit Salz, Pfeffer und Muskatnuss abschmecken. Den Guss vorsichtig auf den Teigboden gießen und mit einigen Dillzweiglein garnieren. In der Mitte des Ofens 30–35 Minuten backen, bis der Guss gestockt ist.
- Die Quiche aus dem Ofen nehmen, vorsichtig aus der Form lösen und auf einem Kuchengitter kurz auskühlen lassen. Mit einem frischen Salat servieren.

Ricotta macht diesen Cheesecake etwas leichter. Und der zart pinkfarbene erste Rhabarber der Saison, der mit Vanille, Sternanis und weiteren schönen Gewürzen parfümiert wird, ist ein Vorgeschmack auf den Sommer und all die köstlichen Früchte, die er mit sich bringen wird …

Ricotta-Cheesecake

MIT POCHIERTEM RHABARBER

FÜR EINE SPRINGFORM VON 24 CM DURCHMESSER

FÜR DEN BODEN

120 G	BUTTERKEKSE
4 EL	GERIEBENE MANDELN
60 G	GESCHMOLZENE BUTTER

FÜR DIE FÜLLUNG

1½ EL	MAISSTÄRKE
1½ EL	WASSER
300 G	DOPPELRAHMFRISCHKÄSE (Z.B. PHILADELPHIA)
500 G	RICOTTA
300 G	ZUCKER
1	UNBEHANDELTE ZITRONE, ABGERIEBENE SCHALE UND SAFT
4	EIER

FÜR DEN RHABARBER

600 G	RHABARBER
400 G	BRAUNER ZUCKER
330 ML	WASSER
1	ZIMTSTANGE
1	STERNANIS
	EINIGE SCHEIBEN FRISCHER INGWER
7	SCHWARZE PFEFFERKÖRNER
1	VANILLESCHOTE, MARK
1 EL	ZITRONENSAFT

- Für den Boden die Butterkekse im Mixer fein zerbröseln. Mandeln und flüssige Butter dazugeben und gut vermischen.
- Boden und Rand der Springform mit Backpapier auslegen. Die Bröselmasse gleichmäßig auf dem Boden verteilen und gut andrücken. Die Form in den Gefrierschrank geben und die Bröselmasse 15 Minuten fest werden lassen.
- Den Backofen auf 150 Grad vorheizen.
- Für die Füllung die Maisstärke im Wasser auflösen. Frischkäse, Ricotta, Zucker, Zitronenschale und -saft glatt rühren. Die Eier verquirlen und dazugeben. Die Frischkäsemasse auf den gekühlten Teigboden geben und den Kuchen im vorgeheizten Ofen auf der mittleren Schiene 1–1½ Stunden backen. Dann den Ofen ausschalten, einen Holzlöffel in die Tür klemmen und den Kuchen vollständig auskühlen lassen (so wird verhindert, dass sich auf der Oberfläche Risse bilden).
- Den Rhabarber waschen, putzen und in 3 cm lange Stücke schneiden. In einem weiten Topf den Zucker mit 80 ml Wasser unter Rühren aufkochen, bis er sich auflöst. So lange weiterkochen, bis ein bernsteinfarbener Karamell entstanden ist (ca. 7 Minuten). Den Topf vom Herd nehmen und das restliche Wasser (250 ml), Zimtstange, Sternanis, Ingwer, Pfefferkörner sowie Vanilleschote und -mark dazugeben. Nochmals 1 Minute aufkochen, den Topf vom Herd nehmen und dann die Rhabarberstücke und den Zitronensaft dazugeben; 30 Minuten ziehen lassen.
- Die Rhabarberstücke mit einer Schöpfkelle aus der Flüssigkeit nehmen und auf den ausgekühlten Cheesecake geben. Sofort servieren.

In der Zeit, als ich in Amsterdam wohnte, bestanden meine Tage eigentlich nur aus Blumenmarkt besuchen, Bücher lesen und ein Stück »Appeltaart met Slagroom« essen. What a life! Kein Wunder, dass ich zurück daheim den Apfelkuchen mit Schlagrahm schrecklich vermisst habe. Der Kuchen, den ich jetzt bei mir zu Hause backe, sieht genauso aus wie damals und verströmt in meiner Küche den Duft meiner unbeschwerten Zeit in Amsterdam.

AMSTERDAMER Apfelkuchen

FÜR EINE SPRINGFORM VON 24 CM DURCHMESSER

FÜR DEN TEIG

175 G	BUTTER
250 G	MEHL
80 G	ZUCKER
1 PRISE	SALZ
3 KLEINE	EIER
1 HANDVOLL	MANDELBLÄTTCHEN
	BUTTER FÜR DIE FORM

FÜR DIE FÜLLUNG

CA. 750 G	SAURE ÄPFEL (Z. B. BOSKOP, ELSTAR)
100 G	ZUCKER
100 G	ROSINEN
30 G	GEMAHLENE MANDELN
1	UNBEHANDELTE ZITRONE, ABGERIEBENE SCHALE
1 EL	ZIMT

GESCHLAGENER VOLLRAHM (SCHLAGSAHNE) ZUM SERVIEREN

- Den Ofen auf 180 Grad vorheizen. Die Springform ausbuttern.
- Für den Teig Butter, Mehl, Zucker, Salz und 2 Eier zu einem Teig verarbeiten. Den Teig zu einer Kugel formen, flach drücken und in Frischhaltefolie gewickelt 30 Minuten im Kühlschrank ruhen lassen.
- In der Zwischenzeit die Äpfel schälen, entkernen und in grobe Stücke schneiden. Mit den restlichen Zutaten der Füllung vermischen.
- Den Teig ausrollen und die Springform inklusive Rand damit auskleiden. Überstehende Teigränder wegschneiden. Die Füllung auf den Teig geben. Die Teigreste erneut ausrollen, in gleichmäßige dünne Streifen schneiden und in einem Gittermuster auf die Füllung legen. Das verbleibende Ei verquirlen und das Teiggitter damit bestreichen.
  Den Kuchen mit den Mandelblättchen bestreuen.
- Den Kuchen im vorgeheizten Ofen auf der mittleren Schiene etwa 1 Stunde backen. Kurz auskühlen lassen, dann aus der Form nehmen und mit dem geschlagenen Rahm servieren.

Erdbeertarte
MIT MASCARPONECREME

FÜR EINE TARTEFORM VON 24 CM DURCHMESSER

FÜR DEN TEIG

200 G	MEHL
120 G	KALTE BUTTER, IN STÜCKEN
70 G	PUDERZUCKER
25 G	GEMAHLENE MANDELN
1 PRISE	FLEUR DE SEL
1	VANILLESCHOTE, MARK
1	EI
	BUTTER FÜR DIE FORM
	MEHL FÜR DIE ARBEITSFLÄCHE
ETWAS	KUVERTÜRE ODER SCHOKOLADEN-GANACHE ZUM BESTREICHEN DES TARTEBODENS

FÜR DIE MASCARPONECREME

2 BLATT	GELATINE
60 ML	VOLLRAHM (SCHLAGSAHNE)
125 G	ZUCKER
500 G	MASCARPONE
	ROSENWASSER, VANILLEMARK ODER ORANGENBLÜTENWASSER, NACH BELIEBEN
400 G	ERDBEEREN

FÜR DIE GLASUR

ETWAS	ERDBEERKONFITÜRE

- Für den Teig das Mehl sieben und mit den Butterstückchen in die Rührschüssel der Küchenmaschine geben. So lange rühren, bis sich Mehl und Butter gut vermischt haben. Dann nach und nach gesiebten Puderzucker, gemahlene Mandeln, Fleur de Sel, Vanillemark und das Ei dazugeben und weiterrühren, bis der Teig zusammenhält. Den Teig zu einer Kugel formen, in Klarsichtfolie wickeln und mindestens 2 Stunden oder über Nacht kühl stellen (das erleichtert das anschließende Ausrollen).
- Die Tarteform ausbuttern. Den Teig auf einer leicht bemehlten Arbeitsfläche 2 mm dick ausrollen und in die Form geben. Erneut mindestens 1 Stunde kühl stellen.
- Den Ofen auf 170 Grad vorheizen.
- Den Tarteboden mit einer Gabel mehrmals einstechen, mit Backpapier und Hülsenfrüchten belegen. Im vorgeheizten Ofen etwa 20 Minuten blind backen. Anschließend Backpapier und Hülsenfrüchte entfernen und den Boden nur noch so lange weiterbacken, bis er eine goldene Farbe angenommen hat. Kurz abkühlen lassen, dann aus der Form nehmen und vollständig auskühlen lassen.
- Die Kuvertüre oder Ganache über dem Wasserbad schmelzen und den Tarteboden damit bestreichen.
- Für die Mascarponecreme die Gelatineblätter 10 Minuten in kaltem Wasser einweichen, dann herausnehmen und gut ausdrücken. Den Rahm mit dem Zucker in einem kleinen Topf erwärmen, vom Herd nehmen und die Gelatine unterrühren. Auskühlen lassen.
- Den Mascarpone glatt rühren, die abgekühlte Rahmmischung nach und nach dazugeben. Die Creme mit Rosenwasser, Vanillemark oder Orangenblütenwasser aromatisieren und auf den Tarteboden geben. Etwa 20 Minuten kühl stellen, bis sich die Creme gesetzt hat.
- Die Erdbeeren abbrausen, auf einem Küchentuch abtropfen lassen, die Strünke entfernen und die Erdbeeren halbieren. Die Erdbeerhälften auf der Tarte arrangieren. Die Erdbeerkonfitüre erwärmen, durch ein feines Sieb streichen und die Erdbeeren damit glasieren. Die Tarte bis zum Servieren kühl stellen.

In der Schweiz sind »Erdbeertörtli«, diese auf Hochglanz glasierten Fruchttörtchen mit luftiger Vanillecreme und knusprigem Mürbeteigboden, ein beliebter Klassiker. Kindheitserinnerung pur! Als Erwachsene habe ich mir erlaubt, das Ganze etwas großzügiger zu portionieren und eine ganze Tarte daraus zu machen!

Lauch und Kartoffeln garen zusammen im Calzone-Mantel und entfalten ihren vollen, erdigen Geschmack – ein Traum! Der Zitronenthymian gibt dem Ganzen einen Extra-Kick und macht dieses Gebäck zu einem frischen Frühlingslunch.

Lauch-Calzone

FÜR DEN TEIG

250 G MEHL
½ TL SALZ
½ EL ZUCKER
12 G FRISCHE HEFE
125 ML LAUWARMES WASSER
CA. ½ EL OLIVENÖL

FÜR DIE FÜLLUNG

200 G KARTOFFELN
1 KLEINE LAUCHSTANGE
CA. 70 G FEIN GERIEBENER FONTINA (ODER ETWAS MOZZARELLA)
1 EL FEIN GEHACKTER ZITRONENTHYMIAN ODER ROSMARIN
OLIVENÖL
SALZ, FRISCH GEMAHLENER PFEFFER

- Den Ofen auf 220 Grad vorheizen. Ein Blech umgekehrt in den Ofen schieben und erhitzen.
- Für den Teig das Mehl mit dem Salz in eine Schüssel geben und in die Mitte eine Mulde drücken. Zucker, Hefe und Wasser in die Mulde geben und vorsichtig mit etwas Mehl vom Rand her verrühren. Die Hefe ein paar Minuten gehen lassen, dann das Olivenöl dazugeben und alles zu einem geschmeidigen, elastischen Teig verarbeiten. Den Teig zu einer Kugel formen, in eine Schüssel geben, mit Frischhaltefolie abdecken und etwa 1½ Stunden aufgehen lassen, bis er sein Volumen verdoppelt hat.
- Für die Füllung die Kartoffeln schälen, waschen und in sehr feine Scheiben schneiden. Den Lauch waschen, putzen und klein schneiden. Kartoffeln, Lauch, geriebenen Käse, Zitronenthymian oder Rosmarin und 2 Esslöffel Olivenöl vermischen. Mit Salz und frisch gemahlenem Pfeffer abschmecken.
- Den Teig auf einem Backpapier zu einem Kreis von circa 25 cm Durchmesser ausrollen. Mitsamt dem Backpapier auf ein Pizzablech oder ein anderes dünnes Blech geben. Die Hälfte des Teigkreises mit der Füllung belegen, dabei einen Rand von 1,5 cm lassen. Die andere Teighälfte über die Füllung schlagen und die Ränder gut andrücken, damit beim Backen keine Füllung ausläuft.
- Die Calzone mitsamt Backpapier mithilfe des dünnen Blechs auf das heiße Blech im Ofen schieben und 10 Minuten backen. Dann das Backpapier vorsichtig darunter herausziehen und die Calzone weitere 25–30 Minuten backen, bis der Teig schön golden und knusprig ist. Aus dem Ofen nehmen und mit etwas Olivenöl bestreichen. 2–3 Minuten auskühlen lassen, dann vorsichtig aufschneiden (Vorsicht, die Füllung ist dann noch sehr heiß!).

»Engelshaar« nennt sich die Pastaform, die diesen sizilianischen Kuchen mit Schokolade, Ricotta und Zitrone so reichhaltig und fein macht. Einfach himmlisch, wie man den Duft des Südens mit einem so einfachen Rezept in die Küche bringt!

Ricotta-Pasta-Tarte

MIT SCHOKOLADE

FÜR EINE SPRINGFORM VON 24 CM DURCHMESSER

FÜR DEN TEIG

225 G	BUTTER
175 G	ZUCKER
4	EIGELB
450 G	MEHL
	MEHL FÜR DIE ARBEITSFLÄCHE

FÜR DIE FÜLLUNG

1	EI
CA. 450 G	RICOTTA
115 G	ZUCKER
1 TL	ZIMT
2	UNBEHANDELTE ZITRONEN, ABGERIEBENE SCHALE SOWIE SAFT VON 1 ZITRONE
500 ML	MILCH
175 G	ENGELSHAAR-PASTA (CAPELLINI)
1 PRISE	SALZ
50 G	SCHOKOLADENWÜRFELCHEN

PUDERZUCKER ZUM BESTREUEN

- Für den Teig Butter und Zucker in einer Schüssel hell und cremig aufschlagen. Erst die Eigelbe und dann nach und nach das Mehl dazugeben, bis ein gleichmäßiger Teig entstanden ist. Den Teig zu einer Kugel formen, flach drücken, in Klarsichtfolie wickeln und circa 30 Minuten kühl stellen.
- Für die Füllung das Ei trennen. Den Ricotta mit dem Zucker (bis auf 2 Esslöffel), dem Zimt, der Hälfte der Zitronenschale, dem Zitronensaft und dem Eigelb in einer Schüssel vermischen.
- Die Milch in einem Topf aufkochen. Die Pasta, die restlichen 2 Esslöffel Zucker, die restliche Zitronenschale und das Salz dazugeben und vorsichtig köcheln lassen, bis die Pasta die Flüssigkeit aufgesogen hat (darauf achten, dass die Pasta nicht am Topfboden festklebt!). Die Pasta noch warm zur Ricottamasse geben, mischen und leicht auskühlen lassen.
- Das Eiweiß steif schlagen und unter die Masse rühren. Zum Schluss die Schokoladenwürfelchen dazugeben und ebenfalls unterrühren.
- Den Ofen auf 190 Grad vorheizen.
- ⅔ des Teiges auf einer leicht bemehlten Arbeitsfläche ausrollen und die Tarteform damit auskleiden. Der Teig bricht leicht, kann aber problemlos in der Form wieder zusammengefügt werden. Die Füllung auf den Teigboden geben. Den restlichen Teig ausrollen, in ½ cm breite Streifen schneiden und in Gitterform auf die Tarte geben.
- Die Tarte im vorgeheizten Ofen auf der mittleren Schiene etwa 50 Minuten backen, bis der Teig eine goldgelbe Farbe angenommen hat. Auskühlen lassen. Vor dem Servieren mit Puderzucker bestäuben.

Hefekranz MIT ZITRONENGLASUR

FÜR EINE SPRINGFORM VON 24 CM DURCHMESSER

FÜR DEN TEIG

450 G	ZOPFMEHL (SIEHE TIPP)
1 PRISE	SALZ
80 G	ZUCKER
20 G	FRISCHE HEFE
170 ML	ZIMMERWARME MILCH
1	EI
80 G	WEICHE BUTTER, IN STÜCKCHEN
	BUTTER FÜR DIE FORM

FÜR DIE FÜLLUNG

1	APFEL
250 G	GEMAHLENE MANDELN
100 G	ZUCKER
½ TL	ZIMT
1	VERQUIRLTES EI
100 ML	VOLLRAHM (SCHLAGSAHNE)

ZUM BESTREICHEN

	1 EI
ETWAS	VOLLRAHM (SCHLAGSAHNE)

FÜR DIE GLASUR

5 EL	PUDERZUCKER
1 EL	ZITRONENSAFT

- Für den Teig alle trockenen Zutaten in einer Schüssel mischen und eine Mulde bilden. Die Hefe leicht mit der Milch verrühren und in die Mulde geben. Die Hefe kurz gehen lassen, dann das Ei verquirlen und zusammen mit den Butterstückchen dazugeben. Alles zu einem geschmeidigen Teig verarbeiten. Den Teig zu einer Kugel formen, in eine Schüssel geben, mit Klarsichtfolie abdecken und an einem warmen Ort etwa 1 Stunde gehen lassen, bis sich sein Volumen verdoppelt hat.
- Für die Füllung den Apfel schälen, entkernen, fein reiben und mit den restlichen Zutaten der Füllung vermischen.
- Den aufgegangenen Teig zu einem circa 40 × 65 cm großen Rechteck ausrollen und waagerecht mit einem scharfen Messer in 3 Streifen teilen. Die Füllung darauf verteilen und mit einem Teigspatel glatt streichen, dabei einen Rand von etwa 1½ cm frei lassen. Die Teigstreifen längs aufrollen, sodass drei lange gerollte Teigstränge entstehen. Diese drei Teigstränge zu einem Zopf flechten.
- Die Springform großzügig ausbuttern. Den Zopf zu einem großen Kreis in die Springform legen und nochmals etwa 30 Minuten gehen lassen.
- Den Ofen auf 200 Grad vorheizen.
- Das Ei mit dem Vollrahm vermischen und den Hefekranz damit bestreichen. Den Hefekranz im vorgeheizten Ofen auf der zweiten Schiene von unten etwa 50 Minuten backen. Anschließend 5 Minuten in der Form auskühlen lassen, dann aus der Form lösen und auf einem Gitter vollständig auskühlen lassen.
- Für die Glasur den Puderzucker mit dem Zitronensaft glatt rühren und den Hefekranz damit bestreichen.

TIPP

Zopfmehl ist mit Dinkel (Spelzweizen) angereichertes Weizenmehl. Dank dem im Dinkel enthaltenen höheren Anteil an elastischem Klebereiweiss ziehen sich mit Zopfmehl hergestellte Teige weniger zusammen und lassen sich leichter formen bzw. flechten.

Manchmal gab's bei uns am Wochenende einen Hefekranz vom Bäcker. Schön geflochten, mit zuckriger Glasur und so fein, dass er meist in Windeseile bis auf den letzten Krümel verputzt war. Den Geschmack habe ich nie vergessen – und in Erinnerung daran dieses Rezept kreiert.

Apfelstrudeltorte

FÜR EINE SPRINGFORM VON 26 CM DURCHMESSER

FÜR DIE FÜLLUNG

4	SAURE ÄPFEL (CA. 400 G)
3	EIER
400 G	VOLLRAHMQUARK
180 G	CRÈME FRAÎCHE
3 GEHÄUFTE EL	VANILLEPUDDINGPULVER (OHNE KOCHEN)
125 G	ZUCKER
2	VANILLESCHOTEN, MARK
1 TL	ZIMT
1 PRISE	SALZ
1 HANDVOLL	MANDELBLÄTTCHEN UND PUDERZUCKER ZUM BESTREUEN

CA. 120 G	FERTIG GEKAUFTER FILO- ODER STRUDELTEIG (CA. 4–5 GROSSE TEIGBLÄTTER)
2 EL	BUTTER
	BUTTER FÜR DIE FORM

- Die Springform ausbuttern und mit Backpapier auslegen. Den Ofen auf 180 Grad vorheizen.
- Für die Füllung die Äpfel waschen und entkernen, aber nicht schälen. Dann auf der Gemüsereibe in 3 mm dünne Stäbchen raffeln. Die Eier trennen. Die Eiweiße steif schlagen. Die restlichen Zutaten der Füllung miteinander vermischen. Dann die geraffelten Apfelstäbchen und die Mandelblättchen dazugeben und zum Schluss den Eischnee vorsichtig unterheben.
- Für den Teig die Butter in einem kleinen Topf schmelzen. 1 Teigblatt so in die vorbereitete Form geben, dass es den Formenrand überlappt. Mit etwas geschmolzener Butter bestreichen. Die Form auf die gleiche Weise mit den restlichen Teigblättern auskleiden.
- Die Füllung in die vorbereitete Form geben und die überlappenden Teigenden über die Füllung klappen. Wieder mit geschmolzener Butter bestreichen.
- Die Torte im vorgeheizten Ofen auf der zweiten Schiene von unten 50–60 Minuten backen, bis der Teig schön knusprig und goldgelb und die Füllung fest geworden ist.
- Vor dem Servieren vorsichtig aus der Form lösen und mit Puderzucker bestäuben.

Wenn die Wartezeit bis zu den ersten Früchten der Saison zu lang wird, finden sich im Vorrat sicher noch einige Lageräpfel vom vergangenen Herbst. Daraus lässt sich eine königliche Apfelstrudeltorte backen.

Ein Klassiker, der mir einfach nie langweilig wird. So fruchtig und frisch – und immer eine schöne Erinnerung an meine Zeit in London. Alles, was es für das perfekte Glück noch braucht, ist eine gute Tasse Tee!

Limettentarte

- Für den Mürbeteigboden die Butter und den Zucker miteinander verrühren. Anschließend zuerst das Ei und dann das Mehl dazugeben und alles zu einem glatten Teig verarbeiten. Den Teig zu einer Kugel formen und diese flach drücken. In Klarsichtfolie wickeln und im Kühlschrank fest werden lassen.
- Den Backofen auf 180 Grad vorheizen. Die Tarteform mit Butter einfetten.
- Den Teig zwischen zwei Lagen Backpapier auf Formengröße ausrollen und in die vorbereitete Form legen. Zum Blindbacken mit Backpapier belegen und mit Hülsenfrüchten beschweren. Vor dem Backen nochmals 30 Minuten im Kühlschrank ruhen lassen.
- Den Teigboden im vorgeheizten Ofen auf der mittleren Schiene 12–15 Minuten backen, dann Hülsenfrüchte und Backpapier entfernen. Überstehenden Teig mit einem scharfen Messer abschneiden.
- Für die Füllung Limettenschale, -saft, Zucker und Eier verquirlen. Den Rahm unterrühren. Die Füllung vorsichtig auf den Teigboden gießen. Die Form auf ein Backblech stellen und die Tarte in der Mitte des vorgeheizten Ofens 30–35 Minuten backen, bis die Füllung gestockt ist. Die Tarte aus dem Ofen nehmen, in der Form auskühlen lassen. Anschließend aus der Form nehmen und mit frischen Himbeeren und Limettenschalenstreifen garnieren.

FÜR EINE SPRINGFORM VON 24 CM DURCHMESSER

FÜR DEN MÜRBETEIG

125 G	BUTTER, GEWÜRFELT
90 G	ZUCKER
1 GROSSES	EI
250 G	WEIZENMEHL
	BUTTER FÜR DIE FORM

FÜR DIE FÜLLUNG

2	UNBEHANDELTEN LIMETTEN, ABGERIEBENE SCHALE SOWIE SAFT VON 1 WEITEREN LIMETTE
170 G	ZUCKER
3	EIER
200 ML	VOLLRAHM (SCHLAGSAHNE)

ZUM SERVIEREN

FRISCHE HIMBEEREN

LIMETTENSCHALENSTREIFEN

Manchmal braucht es zur Abrundung eines Essens ein kleines feines Etwas, sozusagen einen Abschiedsgruß aus der Küche, der die Gäste zum Schluss noch einmal so richtig glücklich macht. Diese Madeleines, noch warm aus der Form auf ein Gitter gestürzt und mit Puderzucker bestäubt, sind bei mir zu Hause oft das grandiose Finale.

Madeleines

MIT ORANGENBLÜTENWASSER

- Die Vertiefungen der Bleche ausbuttern und mit Mehl bestäuben. Den Ofen auf 200 Grad vorheizen.
- Für den Teig Zucker, Mehl, Backpulver und Salz gut vermischen. Dann die Eier und zum Schluss die geschmolzene Butter und etwas Orangenblütenwasser untermischen. In einen Spritzbeutel mit Tülle geben und kühl stellen, bis der Teig fest wird.
- Die Madeleineformen zu ¾ mit der Masse füllen. Im vorgeheizten Ofen 5–7 Minuten backen. Sofort aus der Form stürzen und mit Puderzucker bestäuben.

TIPP

Die Madeleines können auch mit Vanillemark, Rosenblütenwasser oder abgeriebener Zitronen- oder Orangenschale aromatisiert werden.

FÜR ZWEI MADELEINE-BACKBLECHE À 12 GROSSE ODER 20 KLEINE VERTIEFUNGEN

125 G	ZUCKER
110 G	MEHL
½ TL	BACKPULVER
1 PRISE	SALZ
2	EIER
110 G	GESCHMOLZENE BUTTER
ETWAS	ORANGENBLÜTENWASSER
	BUTTER UND MEHL FÜR DIE FORMEN
	PUDERZUCKER ZUM BESTREUEN

Süße Zwiebel und erdig-harmonische Kartoffel – diese Tarte Tatin ist ein wunderbarer, herzhafter Frühlingslunch.

Tarte Tatin

MIT ZWIEBELN UND KARTOFFELN

FÜR EINE SPRINGFORM VON 24 CM DURCHMESSER

- 1 PAKET BLÄTTERTEIG (270 G)
- 3 ZWIEBELN
- 5 MITTELGROSSE MEHLIG KOCHENDE KARTOFFELN
- 2–3 FRÜHLINGSZWIEBELN, OHNE GRÜN
- SALZ, FRISCH GEMAHLENER PFEFFER
- BUTTER FÜR DIE FORM
- CRÈME FRAÎCHE UND GRÜNER SALAT ZUM SERVIEREN

- Den Ofen auf 220 Grad vorheizen. Die Springform großzügig ausbuttern.
- Den Blätterteig rund ausrollen, auf die Größe der Springform zuschneiden und bis zur weiteren Verwendung kühl stellen.
- Die Zwiebeln schälen, in ungefähr ½ cm dicke Ringe schneiden und die Springform gleichmäßig damit auslegen. Die Kartoffeln schälen, waschen und mit einem Gemüsehobel in feine Scheiben (2–3 mm) schneiden. Dachziegelartig auf die Zwiebeln legen. Die Frühlingszwiebeln waschen, putzen, klein schneiden und darüber verteilen. Alles mit Salz und frisch gemahlenem Pfeffer würzen und mit dem gekühlten Blätterteig belegen. Den Teig an den Rändern mithilfe eines Löffels in die Ritze zwischen Füllung und Formenrand drücken, damit die Füllung rundum vom Teig umhüllt ist.
- Die Tarte im vorgeheizten Ofen circa 25 Minuten backen, bis der Blätterteigdeckel schön knusprig ist. Auf einen großen Teller oder ein Holzbrett stürzen und noch warm mit etwas Crème fraîche und einem frischen grünen Salat servieren.

Dieser Antipasti-Brotring ist ein großartiges Rezept, um Reste aus dem Kühlschrank zu verwerten. Egal, was dort in Konservengläsern lagert, es wird dieses würzige Brot zu einem besonderen Snack zum Aperitif oder zum ersten Picknick der Saison machen.

Antipasti-Brotring

FÜR DEN TEIG

500 G	WEIZENMEHL
1 EL	MEERSALZ
20 G	FRISCHE HEFE
1 EL	ZUCKER
300 ML	WASSER
	OLIVENÖL

FÜR DIE FÜLLUNG

1	ZUCCHINI
	ÖL ZUM BRATEN
1 HANDVOLL	CHAMPIGNONS
8–10 SCHEIBEN	PARMASCHINKEN
4	HART GEKOCHTE EIER
5	IN ÖL EINGELEGTE ARTISCHOCKENHERZEN
5	IN ÖL EINGELEGTE, GETROCKNETE TOMATEN
150 G	GERIEBENER FONTINA
100 G	GERIEBENER PARMESAN
2–3 EL	MASCARPONE NACH BELIEBEN
1 BUND	BASILIKUM
	FRISCH GEMAHLENER PFEFFER

- Für den Teig Mehl und Salz in einer Schüssel vermischen. Eine Mulde bilden. Hefe, Zucker und Wasser in die Mulde gießen und die Hefe kurz gehen lassen. Dann 1 EL Olivenöl dazugeben und alles zu einem glatten Teig verarbeiten. Eine Schüssel mit Olivenöl ausstreichen, den Teig hineingeben und zugedeckt so lange gehen lassen, bis er sein Volumen verdoppelt hat.
- Für die Füllung die Zucchini waschen, putzen und längs in möglichst feine Streifen schneiden. In einer Grillpfanne in etwas Öl kurz braten. Die Champignons putzen, mit einem Pinsel säubern, in feine Scheiben schneiden und ebenfalls kurz mitbraten.
- Den aufgegangenen Teig zu einem Rechteck von circa 30 × 40 cm ausrollen. Mit dem Parmaschinken belegen, die geschälten ganzen Eier in gleichmäßigem Abstand daraufgeben, dazwischen Artischockenherzen, Tomaten und Champignons verteilen. Mit den Zucchinistreifen belegen. Mit dem geriebenen Käse großzügig bestreuen. Nach Belieben Mascarpone daraufgeben. Die abgezupften Basilikumblätter und frisch gemahlenen Pfeffer darübergeben. Den Teig aufrollen, die Teigrolle zu einem Ring formen und die beiden Teigenden gut festdrücken.
- Den Backofen auf 180 Grad vorheizen.
- Den Brotring auf ein mit Backpapier belegtes Blech legen, mit Olivenöl bestreichen und 15–20 Minuten gehen lassen.
- Den Brotring im vorgeheizten Ofen auf der mittleren Schiene circa 35 Minuten backen.

MACARONS (REZEPT SEITE 55)

Sommer

DER SOMMER IST das reinste kulinarische Paradies. Die Tomaten hängen sonnengeküsst am Strauch und harmonieren wunderbar mit Basilikum, dem Inbegriff der Sommerwürze. Verpackt in eine aromatische Tomaten-Galette braucht es dazu nur noch einen kleinen frisch geschnittenen Salat mit einer leichten Vinaigrette, um Gaumen und Seele zu verzaubern.

HIMBEEREN, STACHELBEEREN, ERDBEEREN, Brombeeren und wie sie alle heißen, jetzt hängen sie reif und vollaromatisch am Strauch. Viel braucht es nicht, um sie in Szene zu setzen: einen Klacks frisch geschlagenen Rahm und ein Zweiglein Pfefferminze vielleicht. Schon ist das Glück auf dem Teller perfekt.

Wer die Zeit der Aprikosen, Pfirsiche und Nektarinen bis zum Letzten auskosten möchte, muss gleich rangehen. Ihre Saison ist kurz, aber intensiv; da heißt es keine Zeit verlieren. Die Steinfrüchte ergeben übrigens auch in eine salzige Tarte verpackt, vielleicht mit etwas geräuchertem Schinken und frischem Ricotta, ein köstliches Sommergebäck.

WIE KAUM EINE andere Frucht ist die Kirsche Inbegriff des Sommers und für viele mit Kindheitserinnerungen verbunden. Süß und tiefrot hängen sie am Baum. Kombiniert mit warmen Gewürzen wie Zimt oder Kardamom, ergeben sie ein orientalisches Aroma, sehr gut passen sie aber auch zu Pfirsich oder in einen Sommersalat mit Ziegenkäse und Nüssen. Und ich kann es mir bis heute nicht verkneifen, mir das erste Paar Kirschen der Saison an die Ohren zu hängen!

NEBEN ALL DEN frischen Köstlichkeiten gilt es auch, für die kommenden Monate vorzusorgen. Kirschen werden für den Winter eingemacht, Tomaten mit Sonnenkraft getrocknet, Aprikosen mit flinker Hand entsteint und eingefroren. Und wem die Johannisbeeren gleich kübelweise am Strauch hängen, der kocht sie am besten zu einem feinen Gelee.

WENN MAN DANN die ersten reifen Zwetschgen und Pflaumen am Baum entdeckt, durchweht neben Freude eine leise Wehmut das Herz. Sie kündigen nämlich das Ende des Sommers – aber gleichzeitig auch den goldenen Herbst – an.

Dieser Schokoladen-Zimt-Kuchen ist knusprig wie eine Meringue, steckt unter einer luftigen Rahmhaube und verzaubert mit herzerwärmendem Zimtaroma und einer üppigen Beerenpracht. Damit vereinigt er alles in sich, was ich in der süßen Küche gerne mag. *(Seite 54)*

Schokoladen-Zimt-Kuchen
MIT BEEREN

FÜR EINE SPRINGFORM
VON 22 CM DURCHMESSER

BILD SEITE 53

FÜR DEN TEIG

180 G	SCHOKOLADE
140 G	BUTTER
5	EIER
1 PRISE	SALZ
200 G	ZUCKER
100 G	MEHL
1 GEHÄUFTER TL	ZIMT
1 TL	BACKPULVER
	BUTTER FÜR DIE FORM

FÜR DAS TOPPING

500 ML	VOLLRAHM (SCHLAGSAHNE)
1	VANILLESCHOTE, MARK
250 G	HIMBEEREN
200 G	BLAUBEEREN
	FRISCHE PFEFFERMINZBLÄTTCHEN

- Die Springform ausbuttern und mit Backpapier auskleiden. Den Ofen auf 180 Grad vorheizen.
- Für den Teig die Schokolade mit der Butter in einem Topf bei mittlerer Hitze schmelzen, glatt rühren und etwas auskühlen lassen.
- Die Eier trennen. Die Eiweiße mit dem Salz steif schlagen. Nach und nach den Zucker dazugeben und den Eischnee zu einer glänzenden Masse aufschlagen.
- Die Eigelbe verquirlen und mit dem Schwingbesen unter die ausgekühlte, geschmolzene Schokoladenmischung rühren. Diese Masse mit einem Metalllöffel oder Spatel mit schnellen und möglichst wenigen Bewegungen unter den Eischnee ziehen. Das Mehl mit Zimt und Backpulver vermischen, über die Masse sieben und unterheben. Den Teig in die vorbereitete Form füllen, die Oberfläche glatt streichen und im vorgeheizten Ofen auf der mittleren Schiene 35–40 Minuten backen. Dann den Ofen einen Spalt weit öffnen, eine Holzkelle in der Tür einklemmen und den Kuchen auskühlen lassen (das verhindert, dass die Oberfläche des Kuchens rissig wird).
- Für das Topping den Rahm leicht schlagen, das Vanillemark dazugeben und den Rahm luftig aufschlagen. Die Beeren abbrausen, trocknen und verlesen. Den Schlagrahm auf den ausgekühlten Kuchen geben und großzügig mit den Beeren und der frischen Pfefferminze ausgarnieren.

TIPP

Am besten schmeckt dieser Kuchen, wenn er sein Aroma so richtig entfalten kann. Darum am besten am Vorabend zubereiten und am nächsten Tag ausgarnieren und servieren.

Macarons

MIT VANILLE-BUTTERCREME

BILD SEITE 49

FÜR DIE BUTTERCREME

170 G	ZUCKER
3	EIWEISS
250 G	BUTTER, IN STÜCKEN
1	VANILLESCHOTE, MARK

FÜR DIE MACARONS

100 G	SEHR FEIN GERIEBENE MANDELN
100 G	PUDERZUCKER
90 G	EIWEISS (VON CA. 3 GROSSEN EIERN)
100 G	ZUCKER
ETWAS	ROTE LEBENSMITTELFARBE NACH BELIEBEN

- Für die Buttercreme Zucker und Eiweiß in einer Schüssel vermischen. Über einem leicht kochenden Wasserbad unter ständigem Rühren 2–3 Minuten erwärmen (wer ein Küchenthermometer hat, misst 140 Grad). Dann die Schüssel vom Wasserbad nehmen und die Eiweißmasse mit dem Rührgerät zu einer steifen Meringue aufschlagen. So lange weiterrühren, bis die Masse ausgekühlt ist. Nach und nach die Butterstücke einarbeiten und zum Schluss das Vanillemark dazugeben. Die Creme in einen Spritzbeutel füllen und kühl stellen.
- Für die Macarons zwei Backbleche mit Backpapier auslegen. Einen Spritzbeutel mit einer Tülle von 1 cm Durchmesser bereitstellen.
- Die geriebenen Mandeln mit dem Puderzucker vermischen und durchsieben.
- In einer großen, sauberen Schüssel das Eiweiß sehr steif schlagen. Den Zucker dabei unter ständigem Rühren einrieseln lassen und alles zu einer steifen Meringuemasse schlagen. Nach Belieben etwas rote Lebensmittelfarbe dazugeben.
- Die Mandel-Puderzucker-Mischung mit einem großen Metalllöffel in zwei Portionen vorsichtig unter die Meringuemasse heben. Darauf achten, dass die Mandelmischung gut in die Masse eingearbeitet wird, aber vorsichtig rühren, damit die Meringue nicht zusammenfällt. Am Schluss sollte die Masse zäh, wie Lava oder cremiger Grießbrei, vom Löffel fließen. Die Masse in den vorbereiteten Spritzbeutel füllen und mit genügend Abstand (mindestens 3 cm) Tupfer von etwa 1 cm Durchmesser auf die vorbereiteten Backbleche spritzen. Die Macarons an einem zugluftfreien, kühlen Ort 20–30 Minuten antrocknen lassen.
- In der Zwischenzeit den Ofen auf 150 Grad vorheizen.
- Die angetrockneten Macarons im vorgeheizten Ofen 12–15 Minuten backen. Auf dem Blech auskühlen lassen. Dann vorsichtig mit einem Spatel vom Papier lösen und je zwei Macaronhalbschalen mit der Buttercreme füllen. Sofort servieren.

Sommerfruchttarte

- Mehl und Butter mit den Fingern oder einer Gabel fein bröselig verreiben. Den Puderzucker dazugeben und eine Mulde bilden. Das Eigelb mit der Vanille vermischen, in die Mulde geben und alles zu einem weichen Teig verarbeiten. Den Teig zu einer Kugel formen, in Klarsichtfolie wickeln und 1 Stunde im Kühlschrank ruhen lassen. Den Teig kurz durchkneten und zwischen zwei Lagen Backpapier dünn ausrollen. Die Tarteform leicht ausbuttern, den Teig in die Form geben und vorsichtig festdrücken. Den Teigboden mit einer Gabel mehrmals einstechen, mit Backpapier belegen und mit Hülsenfrüchten beschweren. 20–30 Minuten im Kühlschrank ruhen lassen.
- Den Ofen auf 220 Grad vorheizen. Den Teigboden 10 Minuten blind backen. Hülsenfrüchte und Backpapier entfernen und den Teigboden weitere 10 Minuten backen. Aus dem Ofen nehmen und auskühlen lassen. Das Ei mit der Milch verquirlen und den Tarteboden damit bestreichen.
- Für die Vanillecreme das Vanillemark mit der Milch verrühren und bei mittlerer Hitze kurz vor den Siedepunkt erwärmen. Die Eigelbe mit dem Zucker zu einer sehr cremigen, hellen Masse aufschlagen. Das Mehl vorsichtig unterheben. Die Hälfte der unter ständigem Rühren zur Ei-Zucker-Mischung geben. Alles zusammen zu der restlichen Vanillemilch zurück in den Topf geben und unter ständigem Rühren zum Kochen bringen. Sobald der Siedepunkt erreicht ist, die Creme noch 1 Minute kochen lassen. In ein Gefäß geben und ein Backpapier direkt auf die Creme legen; auskühlen lassen.
- Den Rahm steif schlagen und mit 300 g Vanillecreme vermischen.
- Die Vanillecreme auf den Tarteboden geben, glatt streichen und mit Obst und Pfefferminzblättchen garnieren. Kurz vor dem Servieren mit Puderzucker bestäuben.

FÜR EINE TARTEFORM VON CIRCA 23 CM DURCHMESSER (NACH MÖGLICHKEIT MIT HERAUSNEHMBAREM BODEN)

FÜR DEN TEIG
(ERGIBT CA. 250 G)

115 G	MEHL, GESIEBT
50 G	BUTTER, IN STÜCKCHEN
25 G	PUDERZUCKER
1	EIGELB
1 TL	VANILLEEXTRAKT (ODER MARK VON ½ VANILLESCHOTE)
1	EI UND
1 EL	MILCH ZUM BESTREICHEN
	BUTTER FÜR DIE FORM

FÜR DIE VANILLECREME
(CRÈME LÉGÈRE)

1	VANILLESCHOTE, MARK
500 ML	VOLLMILCH
5	EIGELB
125 G	ZUCKER
45 G	MEHL
100–150 ML	VOLLRAHM (SCHLAGSAHNE)

ZUM GARNIEREN

CA. 500 G	FRISCHE BEEREN, JE NACH ANGEBOT
½	PFIRSICH ODER NEKTARINE, IN FEINEN SCHNITZCHEN
EINIGE	PFEFFERMINZBLÄTTCHEN
ETWAS	PUDERZUCKER ZUM BESTREUEN

Diese Vanillecreme, die in der Pâtisserie auch Crème légère genannt wird, ist meine liebste Creme: leicht und luftig und doch voller Vanillearoma. Ein schöner Kontrast zum knusprigen Tarteboden und den süßen Beeren. Meine liebste Sommer-Tarte!

Eine herrliche Galette, die mit einem frischen Blattsalat im Nu zu einem schönen Sommerlunch wird.

Tomaten-Galette MIT RICOTTA

FÜR DEN TEIG

120 G	MEHL
1 PRISE	SALZ
½ TL	ZUCKER
60 G	KALTE BUTTER, IN STÜCKCHEN
ETWAS	EISWASSER
2–3 EL	FRISCH GERIEBENER PARMESAN ZUM AUSROLLEN

FÜR DIE FÜLLUNG

250 G	RICOTTA
30 G	FRISCH GERIEBENER PARMESAN
1 GROSSES	EIGELB
1 HANDVOLL	FEIN GESCHNITTENE BASILIKUM- ODER THYMIANBLÄTTCHEN
1 PRISE	SALZ
	FRISCH GEMAHLENER PFEFFER
10–15	IM OFEN GERÖSTETE TOMATEN-HÄLFTEN (SIEHE TIPP)
1 GROSSES	EIGELB
2 EL	VOLLRAHM (SCHLAGSAHNE)
	FRISCH GERIEBENER PARMESAN UND BASILIKUM- ODER THYMIANBLÄTTCHEN ZUM BESTREUEN

- Für den Teig Mehl, Salz und Zucker gut vermischen. Die Butterstückchen dazugeben und vorsichtig mit den Fingerspitzen oder einer Gabel einarbeiten, bis das Mehl die Struktur von feinen Brotkrümeln angenommen hat. Dabei schnell arbeiten, damit die Butter nicht schmilzt. Zum Schluss so viel Eiswasser dazugeben, dass der Teig zusammenhält (er soll aber nicht zu feucht sein). Den Teig zu einer Kugel formen, flach drücken und in Klarsichtfolie gewickelt etwa 40 Minuten im Kühlschrank ruhen lassen.
- Für die Füllung Ricotta, Parmesan, Eigelb und Kräuter mischen. Mit Salz und Pfeffer würzen.
- Etwas Parmesan auf der Arbeitsfläche oder direkt auf Backpapier ausstreuen und den Teig darauf zu einem Kreis von 20 cm Durchmesser ausrollen. Die Ricottafüllung darauf verstreichen, dabei einen Rand von 3–4 cm frei lassen. Die Tomatenhälften darauf verteilen, die Teigränder vorsichtig einklappen und die Galette kühl stellen.
- Den Ofen auf 220 Grad vorheizen.
- Die Galette auf ein Blech geben. Eigelb und Rahm vermischen und die Teigränder damit bestreichen. Die Galette mit geriebenem Parmesan und Basilikum- oder Thymianblättchen bestreuen. Im vorgeheizten Ofen 10 Minuten backen; dann das Backblech drehen und die Galette weitere 20 Minuten backen, bis die Teigränder goldgelb werden. Die Galette aus dem Ofen nehmen und auf einem Gitter kurz auskühlen lassen. Warm oder lauwarm genießen.

TIPP IM OFEN GERÖSTETE TOMATEN

Vollreife Tomaten waschen, den Strunk entfernen, die Tomaten halbieren, mit etwas Olivenöl, frischen Thymianblättchen, Knoblauchscheibchen und Salz würzen und in einer ofenfesten Form im Ofen bei 150 Grad etwa 2½ Stunden schmoren.

Das erste Rezept, das mich meine Mutter gelehrt hat. Diese Tarte ist schnell zubereitet und wird von allen geliebt. Ich mag sie am liebsten noch warm, dann dampfen die Aprikosen, Zwetschgen oder Pflaumen schön in ihrem Fruchtsaft und versprechen einen süß-saftigen Genuss.

Steinobst-Tarte

MIT PISTAZIEN

- Den Ofen auf 200 Grad vorheizen.
- Den Blätterteig rund auf die Größe der Form ausrollen, in die Form legen und großzügig mit den geriebenen Haselnüssen bestreuen. Das Obst waschen, trocknen, entsteinen, in Schnitze schneiden und kreisförmig auf den Haselnüssen verteilen.
- Die Tarte im vorgeheizten Ofen auf der mittleren Schiene etwa 10 Minuten vorbacken.
- Inzwischen für den Guss alle Zutaten miteinander vermischen und nach 10 Minuten Backzeit über die Früchte geben. Die Tarte weitere 25–30 Minuten backen. Zum Schluss den Backofen 5 Minuten auf Unterhitze schalten, damit der Boden der Tarte schön knusprig wird.
- Die Tarte noch warm servieren oder nur kurz auskühlen lassen. Vor dem Servieren mit Pistazien bestreuen und mit geschlagenem Rahm anrichten.

FÜR EINE TARTEFORM VON 24–26 CM DURCHMESSER

FÜR DEN TEIGBODEN

1 PAKET BLÄTTERTEIG (270 G)
2 HANDVOLL GERIEBENE HASELNÜSSE
800 G APRIKOSEN, ZWETSCHGEN ODER PFLAUMEN

FÜR DEN GUSS

2 EIER
150 ML VOLLRAHM (SCHLAGSAHNE)
1 VANILLESCHOTE, MARK
2 EL ZUCKER

ZUM SERVIEREN

2–3 EL GROB GEHACKTE PISTAZIEN
GESCHLAGENER RAHM

Crème-fraîche-Cheesecake

MIT FEIGENKOMPOTT

- Das Feigenkompott am besten 2–3 Tage vorher zubereiten, damit es schön durchzieht.
- Dazu die Pflaumen waschen, trocknen, entsteinen, halbieren, auf ein Blech geben, den Honig darüber verteilen und im Ofen bei 190 Grad etwa 30 Minuten schmoren lassen. Inzwischen Rotwein, Portwein, Crème de Cassis, Zucker, Zimtstange und Randen in einem Topf aufkochen und dann bei mittlerer Hitze einreduzieren. Die getrockneten Feigen dazugeben und auskühlen lassen. Dann die geschmorten Pflaumen beifügen. Das Kompott in eine ofenfeste Form geben und im Ofen bei 85 Grad etwa 20 Minuten schmoren lassen. Auskühlen lassen, die Zimtstange entfernen und alles im Mixer grob pürieren. Das Kompott luftdicht verschlossen im Kühlschrank ziehen lassen. Es hält sich etwa 2–3 Wochen.
- Die Springform ausbuttern und mit Backpapier auskleiden.
- Für den Tortenboden die Kekse mit den getrockneten Feigen im Mixer fein hacken. Die geschmolzene Butter und den Zucker dazugeben, alles miteinander vermengen und in die vorbereitete Form geben. Die Brösel gut andrücken und 10 Minuten im Gefrierschrank fest werden lassen.
- Für die Füllung den Zitronensaft ganz leicht erhitzen und die ausgedrückten Gelatineblätter darin auflösen. Kurz auskühlen lassen, dann mit Zitronenschale, Frischkäse und Zucker vermischen. Zum Schluss die Crème fraîche darunterziehen. Die Masse auf den gekühlten Tortenboden geben, glatt streichen und mindestens 3 Stunden im Kühlschrank fest werden lassen. Mit dem Feigenkompott servieren.

FÜR EINE KLEINE SPRINGFORM VON 20 CM DURCHMESSER

FÜR DAS FEIGENKOMPOTT

750 G	FRISCHE PFLAUMEN
100 G	HONIG
300 ML	ROTWEIN
100 ML	PORTWEIN
100 ML	CRÈME DE CASSIS
100 G	ZUCKER
1	ZIMTSTANGE
115 G	ROHE RANDEN (ROTE BETE), IN GROBE SCHNITZE GESCHNITTEN
250 G	GETROCKNETE FEIGEN

FÜR DEN TORTENBODEN

190 G	BUTTER- ODER VOLLKORNKEKSE
CA. 8	GETROCKNETE FEIGEN (40 G)
100 G	GESCHMOLZENE BUTTER
1½ EL	ZUCKER
	BUTTER FÜR DIE FORM

FÜR DIE FÜLLUNG

1	UNBEHANDELTE ZITRONE, ABGERIEBENE SCHALE UND SAFT
3–4 BLATT	GELATINE, IN KALTEM WASSER EINGEWEICHT
200 G	DOPPELRAHMFRISCHKÄSE (Z. B. PHILADELPHIA)
100 G	ZUCKER
200 G	CRÈME FRAÎCHE

Das Feigenkompott ist das reinste Gedicht, und sein warmes Aroma harmoniert ganz großartig mit dem frischen, leicht sauren Cheesecake, der mit Crème fraîche zubereitet wird. Ein frischer, fruchtiger Genuss!

Meine erste Reise nach New York war für mich wie Heimkommen. Ich fühle mich so lebendig in dieser Stadt, sie erfüllt mich mit Inspiration und Energie. Dieser üppige Kuchen ist meine Hommage an meine zweite Heimat!

I miss New York
BERRYCAKE

FÜR ZWEI SPRINGFORMEN VON 22 CM DURCHMESSER

FÜR DEN TEIG

8	EIER
250 G	ZUCKER
200 G	MEHL
1 PRISE	BACKPULVER
50 G	KAKAOPULVER
50 G	BUTTER
	BUTTER FÜR DIE FORMEN

FÜR DIE FÜLLUNG

500 ML	VOLLRAHM (SCHLAGSAHNE)
1	VANILLESCHOTE, MARK
500 G	FRISCHE HIMBEEREN
400 G	FRISCHE BLAUBEEREN
	FRISCHE PFEFFERMINZE ODER VERVEINE (ZITRONENVERBENE), NACH BELIEBEN

- Den Ofen auf 180 Grad vorheizen. Die beiden Springformen ausbuttern.
- Für den Teig Eier und Zucker in der Küchenmaschine etwa 8 Minuten sehr schaumig aufschlagen. Wer Nerven und Zeit hat, kann die Masse auch rund 10 Minuten über einem heißen Wasserbad aufschlagen und anschließend wieder kaltrühren; dadurch wird der Biskuit noch luftiger in der Konsistenz.
- Mehl, Backpulver und Kakaopulver zusammen sieben und mit einem Spatel oder großen Löffel vorsichtig unter die aufgeschlagene Eiermasse ziehen. Die Butter schmelzen, auskühlen lassen und dazugeben. Den Teig auf die beiden Springformen verteilen, die Oberfläche mit einem Spatel glatt streichen. Die Kuchen im vorgeheizten Ofen circa 25 Minuten backen. Unbedingt die Stäbchenprobe machen, um zu kontrollieren, ob die Kuchen durchgebacken sind. Aus dem Ofen nehmen und auf einem Gitter auskühlen lassen.
- Für die Füllung den Rahm mit dem Vanillemark aufschlagen. Die Beeren abbrausen, trocknen und verlesen.
- Die ausgekühlten Biskuitböden mit einem gezackten Messer horizontal durchschneiden. Den ersten Biskuitboden mit Vanillerahm bestreichen und mit Beeren bestreuen. Den zweiten Boden daraufgeben und erneut mit Vanillerahm bestreichen und mit Beeren belegen. So fortfahren, bis alle Zutaten aufgebraucht sind. Mit einer großzügigen Schicht Rahm und Beeren abschließen. Nach Belieben mit frischer Minze oder Verveineblättchen garnieren. Bis zum Servieren kühl stellen.

Malakoff-Torte
MIT NEKTARINEN

FÜR EINE SPRINGFORM VON 26 CM DURCHMESSER

100 G	FERTIG GEKAUFTER MÜRBETEIG
50 G	APRIKOSENKONFITÜRE
100 ML	RUM
2 EL	WASSER
30 G	PUDERZUCKER
200 G	LÖFFELBISKUITS
2–3	NEKTARINEN MIT FESTEM FRUCHTFLEISCH, IN SCHNITZE GESCHNITTEN

FÜR DEN BISKUIT

2	EIER
60 G	ZUCKER
40 G	MEHL
20 G	SPEISESTÄRKE ODER MAISSTÄRKE
30 G	GESCHMOLZENE BUTTER
	BUTTER FÜR DIE FORM

FÜR DIE CREME

375 ML	MILCH
2	EIGELB
70 G	ZUCKER
2	VANILLESCHOTEN, MARK
1 PRISE	SALZ
4 BLATT	GELATINE, IN KALTEM WASSER EINGEWEICHT
500 ML	VOLLRAHM (SCHLAGSAHNE)

ZUM GARNIEREN

4–5	LÖFFELBISKUITS
ETWAS	FLÜSSIGE SCHOKOLADENGLASUR
100 ML	VOLLRAHM (SCHLAGSAHNE), STEIF GESCHLAGEN
100 G	MANDELBLÄTTCHEN, LEICHT GERÖSTET

- Den Ofen auf 200 Grad vorheizen. Den Mürbeteig auf die Größe der Form ausrollen, in die Form geben und im vorgeheizten Ofen 5–10 Minuten goldgelb vorbacken. Auf einem Gitter auskühlen lassen.
- Für den Biskuit die Springform ausbuttern. Die Temperatur des Ofens auf 180 Grad reduzieren.
- Eier und Zucker sehr schaumig schlagen. Mehl und Speisestärke mischen, sieben und vorsichtig unterheben. Die geschmolzene, abgekühlte Butter dazugeben. Den Teig in die Form füllen und im Ofen auf der mittleren Schiene etwa 25 Minuten backen (Stäbchenprobe machen). Den Biskuit auf einem Gitter auskühlen lassen.
- Die Aprikosenkonfitüre auf dem ausgekühlten Mürbeteigboden verstreichen und mit dem ausgekühlten Biskuit belegen. Einen Tortenring oder den Springformrand um den Kuchen spannen.
- Den Rum mit Wasser und Puderzucker vermischen. Den Biskuit großzügig damit beträufeln. Kühl stellen.
- Für die Creme die Milch erwärmen. Eigelbe, Zucker, Vanillemark und Salz gut verrühren. Etwas von der warmen Milch unterrühren. Die Eigelb-Zucker-Mischung zur restlichen Milch in den Topf geben und unter ständigem Rühren erhitzen, bis sie cremig eindickt. In eine Schüssel füllen und die ausgedrückte Gelatine unter die noch warme Creme rühren. Die Creme in einem Eisbad auskühlen und fest werden lassen. Nach Belieben Rum dazugeben. Den Rahm steif schlagen und unter die ausgekühlte Vanillecreme ziehen. ⅓ der Creme auf die Tortenböden geben und glatt streichen.
- Die Löffelbiskuits mit der restlichen Rum-Mischung tränken und zusammen mit Nektarinen auf der Cremeschicht verteilen. Mit Creme bedecken und wieder mit eingeweichten Löffelbiskuits und Nektarinen bedecken. Mit einer Schicht Creme abschließen, glatt streichen und über Nacht im Kühlschrank durchziehen lassen.
- Den Tortenring entfernen. Die Löffelbiskuits halbieren, in die flüssige Kuchenglasur dippen, kurz fest werden lassen. Die Torte rundherum mit Schlagrahm bestreichen und mit Mandelblättchen garnieren. Mit den Löffelbiskuits und Rahmrosetten ausgarnieren.

Diese Torte ist ein Zweitagesprojekt. Aber sie ist so sahnig und sieht so schön aus, dass sie alle Mühe wert ist. Ein Prachtstück, auf das zu warten sich lohnt!

Ich war blutjung und in Chicago auf College-Besuch bei meiner liebsten Freundin Andrea King. Eines Tages aßen wir im »International House of Pancake« diesen »German Pancake«. Er blieb mir unvergessen! Jahrelang habe ich nach dem perfekten Rezept gesucht. Irgendwann habe ich es endlich gefunden. Ein luftiges Frühstücks-Soufflé, das, kaum aus dem Ofen, sofort verspeist werden muss. Ein wahrer Genuss!

German Pancake
MIT FRISCHEN FRÜCHTEN

- Den Ofen auf 200 Grad vorheizen.
- Die Butter in die Pfanne geben und im warmen Ofen schmelzen lassen.
- Inzwischen die Eier mit der Küchenmaschine gut verrühren, dann die weiteren Teigzutaten zugeben und alles zu einem sämigen Teig vermischen. Den Teig in die heiße Gusseisenpfanne geben und im Ofen auf der mittleren Schiene etwa 20 Minuten backen, bis der Pancake wie ein Soufflé aufgegangen und schön goldgelb gebacken ist.
- In der Zwischenzeit die Früchte vorbereiten. Den Pancake aus dem Ofen nehmen, sofort mit den vorbereiteten Früchten belegen, mit Puderzucker bestäuben und unverzüglich servieren!

TIPP

Wer keine gusseiserne Pfanne hat, kann den Pancake auch in einer vorgeheizten Springform backen.

FÜR EINE GUSSEISENPFANNE VON CA. 26 CM DURCHMESSER

FÜR DEN TEIG

2 EL	WEICHE BUTTER ZUM BRATEN
3	EIER
1 EL	ZUCKER
1 PRISE	SALZ
65 G	GESIEBTES MEHL
120 ML	MILCH
1	VANILLESCHOTE, MARK

ZUM GARNIEREN

FRISCHE FRÜCHTE NACH WAHL, PUDERZUCKER ZUM BESTREUEN

DER GARTEN STRAHLT in seiner ganzen Pracht, die Sonne schickt ihre warmen Strahlen vom Himmel, und alles, was es für das perfekte Glück braucht, ist ein kleiner Lunch im Garten, ein Glas Wein und unbeschwertes Lachen.

Ich mag es, wenn süß auf salzig trifft. Saftig-süße Pfirsiche harmonieren zum Beispiel wunderbar mit Parmaschinken und werden, auf frischen Ricotta gebettet, zu einer schönen Sommertarte.

Basilikum-Ricotta-Tarte

MIT PFIRSICH UND PARMASCHINKEN

- Ein rechteckiges Blech von circa 12 × 36 cm bereitstellen.
- Für den Teig Mehl, Hartweizengrieß, Salz und Butter in der Küchenmaschine verrühren. Vorsichtig Milch-Wasser-Mischung dazugeben, bis der Teig zusammenhält. Den Teig zu einem Rechteck formen, etwas flach drücken, in Klarsichtfolie wickeln und mindestens 30 Minuten kühl stellen.
- Den Ofen auf 200 Grad vorheizen.
- Für den Belag die Früchte waschen, trocknen, entsteinen und vierteln. Kardamom und Koriander in einer Pfanne kurz trocken rösten, dann die Kardamomkapseln entfernen und die Samen zusammen mit dem Koriander und dem Zucker zerstoßen. Die Früchte auf ein Backblech geben und mit dem Gewürzzucker bestreuen. 5–7 Minuten im Ofen backen, bis der Zucker leicht zu karamellisieren beginnt und die Früchte etwas Farbe angenommen haben.
- Den Teig ausrollen und das Blech damit auskleiden. Den Teig mit einer Gabel mehrmals einstechen, mit Backpapier belegen, mit Hülsenfrüchten beschweren und im vorgeheizten Ofen 20 Minuten blind backen. Aus dem Ofen nehmen und auskühlen lassen.
- Den Ricotta mit dem Basilikum vermischen, mit Salz, Pfeffer und Muskatnuss abschmecken. Den ausgekühlten Tarteboden mit der Ricottamasse bestreichen. Die Früchte darauf anordnen, mit Parmaschinken, Brunnenkresse oder Basilikum garnierren, mit rotem Pfeffer würzen und mit Olivenöl beträufeln.

FÜR DEN TEIG

75 G	WEIZENMEHL
25 G	HARTWEIZENGRIESS
½ TL	SALZ
45 G	BUTTER
3–4 EL	MILCH, MIT WASSER VERDÜNNT

FÜR DEN BELAG

3	PFIRSICHE ODER NEKTARINEN
2	KARDAMOMKAPSELN
½ TL	KORIANDERKÖRNER
1 EL	BRAUNER ZUCKER
400 G	FRISCHER RICOTTA
ETWAS	FEIN GESCHNITTENES BASILIKUM
	SALZ, FRISCH GEMAHLENER PFEFFER, FRISCH GERIEBENE MUSKATNUSS

ZUM GARNIEREN

8–10 SCHEIBEN	PARMASCHINKEN
ETWAS	BRUNNENKRESSE ODER BASILIKUM
ETWAS	ZERSTOSSENER ROTER PFEFFER
ETWAS	OLIVENÖL ZUM BETRÄUFELN

Eine luftige Sommertorte aus Erdbeeren, frischem Rahm und einem lockeren Biskuit. Sie fühlt sich an wie ein unbeschwerter Sommertag …

Erdbeer-Biskuittorte

- Für den Biskuit die beiden Springformen mit Backpapier auskleiden. Den Ofen auf 180 Grad vorheizen.
- Zucker und Eier in einer Schüssel schaumig aufschlagen. Zitronenschale und -saft darunterrühren. Das Mehl sieben und vorsichtig mit einem Teigspatel unter die Masse heben. Den Teig gleichmäßig auf die beiden Formen verteilen und im vorgeheizten Ofen auf der mittleren Schiene etwa 20 Minuten backen. Herausnehmen, leicht auskühlen lassen, dann den Biskuit aus der Form nehmen und auf einem Gitter vollständig auskühlen lassen.
- Für die Füllung den Rahm (eventuell mit Sahnesteif) steif schlagen. Nach Belieben mit Puderzucker süßen. Die Beeren kurz mit Wasser abbrausen, trocknen und putzen.
- Zum Servieren einen der Biskuits auf eine Tortenplatte geben. Großzügig mit der Hälfte des Schlagrahms bestreichen und mit der Hälfte der Beeren belegen. Den zweiten Biskuit darauflegen und erneut wieder großzügig mit dem restlichen Rahm bestreichen und mit den restlichen Beeren belegen.

FÜR ZWEI SPRINGFORMEN VON 24 CM DURCHMESSER

FÜR DEN BISKUIT

180 G	ZUCKER
6	EIER
2	UNBEHANDELTE ZITRONE, ABGERIEBENE SCHALE
2 EL	ZITRONENSAFT
180 G	MEHL

FÜR DIE FÜLLUNG

500 ML	VOLLRAHM (SCHLAGSAHNE)
	SAHNESTEIF NACH BELIEBEN
	PUDERZUCKER NACH BELIEBEN
200 G	ERDBEEREN
200 G	HIMBEEREN

»Egg white Lady« nannten sie mich in London immer, weil ich bei den Fotoshootings das übrig gebliebene Eiweiß jeweils im Kühlschrank gehortet und am Abend quer durch die Stadt nach Hause getragen habe. Der Spott war mir egal, denn aus übrig gebliebenem Eiweiß lässt sich Köstliches zaubern! Diese luftig-leichte Roulade zum Beispiel.

Beeren-Meringue-Rolle

- Den Ofen auf 160 Grad vorheizen. Ein Backblech von circa 34 × 25 cm mit hohem Rand mit Backpapier auslegen.
- Das Eiweiß in der Rührschüssel der Küchenmaschine so lange aufschlagen, bis sich kleine Spitzchen bilden. Nach und nach den Zucker zugeben, bis eine dicke, glänzende Meringuemasse entstanden ist. Weißweinessig, Maisstärke und Vanille darunterrühren. Die Masse gleichmäßig auf dem vorbereiteten Backblech ausstreichen. Im vorgeheizten Ofen auf der mittleren Schiene etwa 20 Minuten backen.
- Inzwischen für die Füllung die Erdbeeren waschen, trocknen, putzen und klein schneiden. Den Rahm steif schlagen und mit dem Puderzucker süßen.
- Die Meringue zuerst auf dem Blech, dann auf einem mit Backpapier belegten Kuchengitter kurz auskühlen lassen, dann sofort füllen: Den Schlagrahm in der Mitte der ausgekühlten Meringue aufstreichen und die Erdbeeren darauf verteilen. Den Meringueboden aufrollen und vor dem Servieren mit Puderzucker bestäuben. Mit Erdbeeren ausgarnieren.

FÜR DIE MERINGUE

150 G	EIWEISS (VON CA. 4 EIERN)
160 G	ZUCKER
1 TL	WEISSWEINESSIG
1 TL	MAISSTÄRKE
1 TL	VANILLEEXTRAKT ODER MARK VON 1–2 VANILLESCHOTEN

FÜR DIE FÜLLUNG

200 G	FRISCHE ERDBEEREN
250 ML	VOLLRAHM (SCHLAGSAHNE)
1 EL	GESIEBTER PUDERZUCKER

ZUM GARNIEREN

ETWAS	PUDERZUCKER ZUM BESTREUEN
1 HANDVOLL	ERDBEEREN

Dampfnudeln

INGWER-APRIKOSEN UND KARDAMOM-VANILLE-SAUCE

- Die Aprikosen waschen, halbieren und entsteinen. Dann alle Zutaten in einen Topf geben, vorsichtig aufkochen und die Aprikosen nur gerade so lange pochieren, bis sie weich sind, aber nicht zerfallen. Im Topf auskühlen lassen.
- Für die Dampfnudeln das Mehl in eine Schüssel geben und eine Mulde bilden. Die Hefe zerbröckeln, mit Milch und Zucker in die Mulde geben und kurz stehen lassen. Dann das Ei und die Hälfte der Butter dazugeben und alles zu einem feinen Teig verarbeiten. Nach und nach die restliche Butter dazugeben und einarbeiten. Den Teig in eine saubere Schüssel geben und mit Frischhaltefolie abgedeckt etwa 40 Minuten aufgehen lassen, bis er sein Volumen verdoppelt hat.
- Für die Vanillesauce die Milch mit den Kardamomkapseln und Vanilleschote sowie -mark in einem Topf erwärmen, dann etwas abkühlen lassen. Vanilleschote und Kardamomkapseln entfernen.
- Die Eigelbe mit dem Zucker schaumig aufschlagen. Die Speisestärke und die Hälfte der Vanillemilch unter ständigem Rühren dazugeben. Alles zur restlichen Vanillemilch zurück in den Topf geben und unter ständigem Rühren so lange erwärmen, bis die Creme etwas an Festigkeit gewinnt, aber immer noch flüssig ist.
- Den Ofen auf 180 Grad vorheizen. Die Form ausbuttern.
- Den Teig in Portionen von etwa 50 g teilen, diese zu kleinen Bällchen formen und nochmals kurz gehen lassen.
- Die Aprikosen vorsichtig aus dem Saft heben und in die vorbereitete Form geben. Die Teigbällchen daraufsetzen und erneut etwa 10 Minuten gehen lassen. Die Dampfnudeln im vorgeheizten Ofen auf der mittleren Schiene etwa 40 Minuten backen, bis sie goldgelb sind.
- Vor dem Servieren großzügig mit Puderzucker bestäuben und noch warm mit der Vanillesauce servieren.

FÜR EINE OFENFESTE FORM VON CA. 29 × 24 CM

FÜR DIE INGWER-APRIKOSEN

24	APRIKOSEN
2–3 EL	SEHR FEIN GESCHNITTENER, GESCHÄLTER INGWER
250 G	ZUCKER
200 ML	WASSER

FÜR DIE DAMPFNUDELN

500 G	FEINES WEIZENMEHL
42 G	FRISCHE HEFE
250 ML	VOLLMILCH
50 G	ZUCKER
1	EI
200 G	WEICHE BUTTER, IN STÜCKEN
1 PRISE	SALZ
ETWAS	BUTTER FÜR DIE FORM
	PUDERZUCKER ZUM BESTREUEN

FÜR DIE KARDAMOM-VANILLE-SAUCE

1	VANILLESCHOTE, SCHOTE UND MARK
400 ML	VOLLMILCH
3	KARDAMOMKAPSELN
2	EIGELB
50 G	ZUCKER
2 TL	SPEISESTÄRKE

Ein altmodisches Rezept, das aber bis heute nichts an Schönheit eingebüßt hat. Von seiner feinen Puderzuckerschicht, den pochierten Ingwer-Aprikosen und der Kardamom-Vanille-Sauce werden Geist und Gaumen richtiggehend verzaubert.

Eine Hommage an den Kirschbaum im Garten der Großeltern, auf dem wir als Kinder oft herumgeturnt sind oder in seinem Schatten gespielt haben.

Cherry Pie

- Für den Teig Mehl, Puderzucker und kalte Butter in der Küchenmaschine zu einem krümeligen Teig rühren. Das Ei und vorsichtig das kalte Wasser einarbeiten und zu einem Teig zusammenfügen. Den Teig zu einer Kugel formen, diese flach drücken, in Klarsichtfolie wickeln und im Kühlschrank ruhen lassen.
- Für die Füllung den Zucker mit Zimt, Kardamom und Korianderkörnern vermischen. Die Kirschen waschen, entsteinen und zusammen mit dem Würzzucker und der Zitronenschale in einem Topf aufkochen. Die Speisestärke im Zitronensaft auflösen und unter Rühren zu den Kirschen geben. So lange weiterkochen, bis die Masse etwas eindickt. Auskühlen lassen.
- Den Backofen auf 180 Grad vorheizen.
- Den Mürbeteig in zwei Stücke von ⅔ und ⅓ aufteilen. Das größere Stück auf der bemehlten Arbeitsfläche ausrollen und die Tarteform damit auskleiden. Dabei die Teigränder großzügig stehen lassen. Die ausgekühlten Kirschen auf dem Teigboden verteilen. Den restlichen Teig ausrollen und dekorative Formen (Sterne oder Blätter) aus dem Teig ausstechen.
- Das Ei mit der Milch verquirlen und die Teigsterne oder Teigblätter damit bestreichen. Die Tarte großzügig damit dekorieren. Mit der restlichen Ei-Milch-Mischung bestreichen und mit braunem Zucker bestreuen.
- Die Tarteform auf ein Backblech stellen und im unteren Drittel des Ofens 35–40 Minuten goldgelb backen.

FÜR EINE TARTEFORM VON 26 CM DURCHMESSER MIT HERAUSNEHMBAREM BODEN

FÜR DEN TEIG

240 G	MEHL
30 G	PUDERZUCKER
150 G	KALTE BUTTER
1	EI
CA. ½ EL	KALTES WASSER
	MEHL FÜR DIE ARBEITSFLÄCHE

FÜR DIE FÜLLUNG

80 G	ZUCKER
½ TL	GEMAHLENE ZIMTBLÜTE (ODER ZIMT)
3	KARDAMOMKAPSELN, GERÖSTET, DANN SAMEN ZERSTOSSEN
½ TL	KORIANDERKÖRNER, GERÖSTET UND ZERSTOSSEN
1½ KG	KIRSCHEN
1	UNBEHANDELTE ZITRONE, ABGERIEBENE SCHALE UND SAFT
2 EL	SPEISESTÄRKE

ZUM FERTIGSTELLEN

1	EI
1 EL	MILCH
ETWAS	BRAUNER ZUCKER

Diese Törtchen sind mein Retter in der Not, wenn beim Sommerdinner noch ein kleines Dessert fehlt. Sie sind fix zubereitet – und brauchen außer einem Tupfer Crème fraîche nichts zu ihrer Vollkommenheit.

Aprikosen-Tartelettes

18–20	APRIKOSEN
150 G	ZUCKER
350 ML	WASSER
1 EL	VANILLEEXTRAKT ODER MARK VON 1 VANILLESCHOTE
640 G	BLÄTTERTEIG
2 EL	ZUCKER
3–4 EL	APRIKOSENKONFITÜRE
	CRÈME FRAÎCHE ODER GESCHLAGENER RAHM (SAHNE) ZUM SERVIEREN

- Die Aprikosen waschen, halbieren und entsteinen. Zucker und Wasser in einen weiten Topf geben und vorsichtig aufkochen, damit sich der Zucker auflöst. Die Vanille dazugeben. Dann die Hitze reduzieren und die Aprikosenhälften in der heißen Flüssigkeit pochieren. Die Pochierzeit ist von der Reife der Aprikosen abhängig, sie sollten nicht zerfallen. Die Aprikosen mit einem Schaumlöffel aus der Flüssigkeit heben und nebeneinander auf einen großen Teller geben.
- Den Ofen auf 220 Grad vorheizen.
- Den Blätterteig ausrollen und daraus 6–8 Teigkreise von circa 11 cm Durchmesser ausstechen. Die Teigkreise auf ein mit Backpapier belegtes Blech legen und mit einem scharfen Messer einen Rand von 1 cm einritzen, dabei den Teig aber nicht durchschneiden. Jeweils 3–4 Aprikosenhälften auf den Teigkreisen anrichten und mit Zucker bestreuen. Die Tartelettes im vorgeheizten Ofen auf der mittleren Schiene etwa 12 Minuten backen, nach Bedarf zum Schluss mit etwas Unterhitze, damit die Tarteletteböden schön knusprig werden.
- Die Konfitüre mit 1 Esslöffel Wasser in einen Topf geben und nur gerade so lange vorsichtig erhitzen, bis sie flüssig wird. Die noch warmen Tartelettes damit bestreichen und die Glasur kurz antrocknen lassen.
- Die Tartelettes noch warm oder bei Zimmertemperatur mit etwas Crème fraîche servieren.

Ein kleiner Snack, ein schönes knuspriges Küchlein, das das Glas Weißwein zum Sommeraperitif perfekt ergänzt.

Gougères mit Thymian und Muskatnuss

- In einem Topf Butter, Zucker, Salz, Wasser und Milch vermischen und aufkochen. Dann die Hitze reduzieren. Ständig rühren, damit die Mischung nicht am Boden anbrennt! Das Mehl im Sturz in die heiße Flüssigkeit geben und kräftig rühren, bis sich ein geschmeidiger Teigkloß bildet, der sich von Topfrand und -boden löst. Weitere 2 Minuten bei mittlerer Hitze unter ständigem Rühren weiter erhitzen. Dann den Teig in eine Schüssel geben. Die Eier einzeln verquirlen und nacheinander unter den Teig rühren. Der Teig ist fertig, wenn er glänzend und seidig-glatt ist und weich, aber auf keinen Fall mehr flüssig vom Löffel fällt. Gruyère, Pfeffer, Muskatnuss oder Cayennepfeffer sowie Thymian zugeben.
- Den Ofen auf 220 Grad vorheizen.
- Ein Backblech mit Backpapier auslegen. Den Teig in einen Spritzbeutel füllen und in kleinen Teighäufchen oder Rosetten von 4–5 cm Durchmesser auf das Blech spritzen.
- Für die Glasur das Ei mit dem Salz verquirlen. Die Gougères damit bestreichen und mit etwas geriebenem Gruyère bestreuen. Im vorgeheizten Ofen auf der mittleren Schiene 10 Minuten backen, danach die Hitze auf 180 Grad reduzieren und weitere 10–15 Minuten knusprig backen. Noch warm servieren.

FÜR DEN TEIG

110 G	BUTTER, IN STÜCKCHEN
1 EL	ZUCKER
1 PRISE	SALZ
125 ML	WASSER
125 ML	MILCH
140 G	MEHL
4–5	EIER, JE NACH GRÖSSE
100 G	FEIN GERIEBENER GRUYÈRE
	FRISCH GEMAHLENER PFEFFER, FRISCH GERIEBENE MUSKATNUSS ODER CAYENNEPFEFFER
1 EL	FRISCH GEZUPFTER THYMIAN

FÜR DIE GLASUR

1	EI
1 PRISE	SALZ
ETWAS	GERIEBENER GRUYÈRE ZUM BESTREUEN

FENCHEL-PIROGGEN (REZEPT SEITE 91)

VINTAGE RIBBON
Herbst

JETZT WERDEN IM Garten nochmals alle Register gezogen. Die einheimischen Beeren drehen im frühen Herbst eine Ehrenrunde und tanken die letzte Süße, die das Sonnenlicht ihnen schickt.

AUF DEM MARKT tauchen die ersten Zwetschgen und Pflaumen auf, und die Mirabellen feiern ihren leider nur allzu kurzen Auftritt im Gartenjahr. Gescheit ist, wer ihre Süße nicht nur in ein schönes Gebäck, sondern gleich auch noch für die kommenden Monate in ein Konservenglas steckt.

WENN DIE ABENDE kühler werden, darf es dafür auf dem Tisch etwas wärmer und rustikaler zugehen. Zum Beispiel mit dem leicht erdigen und dennoch wunderbar harmonischen Geschmack von Fenchel, Kartoffel und Zucchini. Zusammen mit den letzten Kräutern der Saison – Salbei, Petersilie oder Rosmarin – sorgen sie auch dann noch für kulinarische Höhenflüge, wenn die Pflanzen langsam auf den wohlverdienten Winterschlaf vorbereitet werden.

UND NATÜRLICH DIE Pilze! Keine andere Zutat kündigt den Herbst besser und köstlicher an als sie. Egal, ob Pfifferling, Steinpilz oder Kräuterseitling, für mich sind die Pilze wie kleine Diamanten in der Küche, die nicht viel brauchen, um uns geschmacklich zu verzücken. Sie sind mannigfaltig zu verwenden – beim Backen packe ich sie gerne in eine knusprige Strudelhülle oder stecke sie in ein cremiges Pilztörtchen.

SO GOLDEN-WARM das Sonnenlicht im Herbst, so warm wird's auch in der Küche. Erste Rezepte mit Zimt, Sternanis und Kardamom verströmen ihren unwiderstehlichen Duft. Da sind dann auch Äpfel und Birnen nicht weit, die mit diesen Gewürzen eine perfekte Verbindung eingehen. Und ganz leise die erste Sehnsucht nach Weihnachten wecken ...

Der Fenchel und ich, das war lange Zeit eine schwierige Beziehung. Als Kind hab ich ihn dermaßen verschmäht, dass er heimlich unter dem Tisch anstatt in meinem Bauch gelandet ist. Die Liebe auf den zweiten Blick hat sich aber gelohnt. Mit seiner warmen Süße schmeckt der Fenchel wirklich zauberhaft!

Fenchel-Piroggen

BILD SEITE 86

CA. 640 G	BLÄTTERTEIG
1	VERQUIRLTES EI ZUM BESTREICHEN

FÜR DIE FÜLLUNG

1 KLEINE	SCHALOTTE
1 MITTELGROSSE	FENCHELKNOLLE
2 EL	OLIVENÖL
25 G	BUTTER
1 TL	FENCHELSAMEN, GERÖSTET
	SALZ, FRISCH GEMAHLENER PFEFFER, ETWAS FRISCH GERIEBENE MUSKATNUSS
100 G	GERIEBENER APPENZELLER ODER GRUYÈRE

- Für die Füllung die Schalotte schälen und fein hacken. Den Fenchel waschen, putzen und fein würfeln. Öl und Butter in einer Pfanne erhitzen, Schalotte und Fenchel zusammen mit den gerösteten Fenchelsamen etwa 15 Minuten darin andünsten. Mit Salz, Pfeffer und Muskatnuss abschmecken, vom Herd nehmen und den geriebenen Käse daruntermischen.
- Den Ofen auf 220 Grad vorheizen.
- Den Blätterteig rechteckig ausrollen und daraus mit einer runden Ausstechform Kreise von 10 cm Durchmesser ausstechen. Auf die Teigkreise jeweils etwa 1 Esslöffel Fenchelmasse geben. Die Teigränder mit verquirltem Ei bestreichen, zur Hälfte zusammenschlagen und die Ränder gut festdrücken. Kurz kühl stellen.
- Die Piroggen mit dem restlichen verquirlten Ei bestreichen und im vorgeheizten Ofen 20–30 Minuten knusprig backen. Noch warm servieren.

Ein reines Glanzstück, diese glasierte Pflaumen-Haselnuss-Tarte. Nicht nur, weil sie Nuss und Frucht geschmacklich so schön vereint, sondern auch weil sie optisch im wahrsten Sinne des Wortes glänzend daherkommt.

GLASIERTE Pflaumen-Haselnuss-Tarte

FÜR EINE TARTEFORM VON CA. 24 CM DURCHMESSER

12–13	FESTE PFLAUMEN
270 G	BLÄTTERTEIG
4 EL	APRIKOSENKONFITÜRE
	BUTTER FÜR DIE FORM

FÜR DIE HASELNUSS-FÜLLUNG

200 G	WEICHE BUTTER
150 G	ZUCKER
3	EIER
125 G	GEMAHLENE MANDELN
125 G	GEMAHLENE HASELNÜSSE
1 TL	ZIMT
100 G	MEHL

- Den Ofen auf 190 Grad vorheizen. Die Tarteform ausbuttern.
- Den Blätterteig rund etwas größer als die Form ausrollen und die Tarteform damit auskleiden. Die Pflaumen waschen, halbieren, entsteinen und in Schnitze schneiden.
- Für die Füllung die Butter mit dem Zucker hell und schaumig aufschlagen. Dann abwechselnd Eier, geriebene Mandeln und Haselnüsse, Zimt und Mehl darunterrühren.
- Die Füllung auf den Tarteboden geben und die Pflaumenschnitze mit der Schnittseite nach oben darauf arrangieren. Die Tarte im vorgeheizten Ofen auf der mittleren Schiene 15 Minuten backen, dann die Hitze auf 150 Grad reduzieren und die Tarte weitere 35–40 Minuten backen. Aus dem Ofen nehmen und auf einem Gitter etwas auskühlen lassen. Dann aus der Form nehmen.
- Die Aprikosenkonfitüre in einem kleinen Topf erwärmen und durch ein Sieb streichen. Die noch warme Tarte damit glasieren und servieren.

Cheesecake im Glas MIT MIRABELLEN

FÜR CA. 8 VORRATS- ODER ANDERE GLÄSER À 220 ML INHALT

FÜR DEN CRUMBLE

75 G	MEHL
30 G	GEMAHLENE MANDELN
75 G	BRAUNER ZUCKER
30 G	KALTE BUTTER, IN STÜCKCHEN
2 PÄCKCHEN	VANILLEZUCKER

FÜR DIE FÜLLUNG

125 G	SPEISEQUARK (VOLLFETT, 40 %)
1	VANILLESCHOTE, MARK
½	UNBEHANDELTE ZITRONE, ABGERIEBENE SCHALE UND SAFT
250 ML	VOLLRAHM (SCHLAGSAHNE)
2	EIWEISS
50 G	ZUCKER

FÜR DAS KOMPOTT

1	UNBEHANDELTE ZITRONE, ABGERIEBENE SCHALE UND SAFT
250 ML	WASSER
3	ZIMTSTANGEN
6	NELKEN
1	STERNANIS
8–10	MIRABELLEN

- Den Ofen auf 180 Grad vorheizen.
- Alle Zutaten für den Crumble im Mixer miteinander vermischen. Auf ein mit Backpapier belegtes Blech geben und im vorgeheizten Ofen auf der mittleren Schiene 25–30 Minuten goldgelb backen, dann auskühlen lassen.
- Für die Füllung den Quark mit dem Vanillemark vermischen, Zitronenschale und -saft dazugeben. Den Rahm steif schlagen und unter die Quarkmischung heben. Die Eiweiße steif schlagen, den Zucker dazugeben und alles zu einer glänzenden Masse schlagen. Den Eischnee sorgfältig unter die Quarkmasse heben. Die Quark-Eischnee-Masse in einen Spritzbeutel mit Tülle geben und kühl stellen.
- Für das Kompott in einem Topf Zitronenschale, Wasser, Zimtstangen, Nelken und Sternanis zum Kochen bringen. Die Mirabellen waschen, halbieren, entsteinen und in Schnitze schneiden. Den Topf vom Herd nehmen, die Mirabellen dazugeben und im heißen Sud ziehen lassen. Den Zitronensaft ganz zum Schluss zugeben.
- Zum Anrichten den Crumble auf die Gläser verteilen. Die Quarkmasse daraufgeben und mit den Mirabellen (ohne Saft!) belegen. Bis zum Servieren kühl stellen.

Auf die geniale Idee, den Cheesecake portionsweise im Glas zuzubereiten, kam meine liebe Freundin Tanja Grandits. Damit ist der Cheesecake nicht nur sofort servierbereit, sondern lässt sich auch prima für die letzten Picknicks des Jahres in den Korb packen.

Rustikale Apfeltarte
MIT KARDAMOM UND ZIMT

FÜR EINE TARTEFORM VON CA. 23 CM DURCHMESSER

FÜR DEN TEIG
(ERGIBT CA. 250 G)

115 G	MEHL
50 G	BUTTER, IN STÜCKCHEN
25 G	PUDERZUCKER
1	EIGELB
1 TL	VANILLEEXTRAKT ODER MARK VON ½ VANILLE-SCHOTE

FÜR DIE FÜLLUNG

3 EL	ZUCKER
5	KARDAMOMKAPSELN, SAMEN ZERSTOSSEN
2 GROSSE PRISEN (2 G)	GEMAHLENE ZIMTBLÜTE (ODER ZIMT)
1 KG	ÄPFEL (GRANNY SMITH ODER GALA)
4 EL	BUTTER
2 EL	PINIENKERNE
80 G	HELLE ROSINEN

- Für den Teig Mehl und Butter mit den Fingern oder einer Gabel fein krümelig vermischen. Zügig arbeiten, damit die Butter nicht schmilzt. Den Puderzucker dazugeben und eine Mulde drücken. Das Eigelb mit der Vanille vermischen, in die Mulde geben und alles zu einem weichen Teig verarbeiten. Den Teig zu einer Kugel formen, in Klarsichtfolie wickeln und über Nacht im Kühlschrank ruhen lassen.
- Für die Füllung den Zucker mit dem zerstoßenen Kardamom und dem Zimt vermischen.
- 2 Äpfel zur Seite legen. Die restlichen Äpfel schälen, entkernen und mit der Gemüsereibe in Stäbchen raffeln. Die Butter in einer Bratpfanne schmelzen und die Apfelstäbchen darin 2–3 Minuten glasig dünsten, dann den Kardamom-Zimt-Zucker darübergeben. Die Pfanne vom Herd nehmen, Pinienkerne und Rosinen unter die Äpfel mischen. Zugedeckt in einer Schüssel über Nacht im Kühlschrank ziehen lassen.
- Am nächsten Tag den Ofen auf 170 Grad vorheizen.
- Den Teig kurz kneten und zwischen zwei Lagen Backpapier vorsichtig dünn ausrollen. Die Tarteform damit auskleiden, überstehende Ränder abschneiden. Den Teig mit einer Gabel mehrmals einstechen, dann mit Backpapier belegen, mit Hülsenfrüchten beschweren und im vorgeheizten Ofen 15 Minuten blind backen. Hülsenfrüchte und Backpapier entfernen und den Teigboden kurz auskühlen lassen.
- In der Zwischenzeit die restlichen beiden Äpfel schälen, entkernen und mit der Gemüsereibe in feine Scheibchen oder dekorative Stäbchen raffeln.
- Die marinierte Apfelfüllung auf den Tarteboden geben. Zum Schluss mit den frisch geraffelten Äpfeln belegen. Die Tarte im vorgeheizten Ofen 25–30 Minuten backen. Aus dem Ofen nehmen, auf einem Gitter etwas auskühlen lassen und dann aus der Form nehmen.
- Nach Belieben mit Vanille-Schlagrahm servieren.

Der Kardamom, dieser Schlingel, macht einfach alles besser! Wenn irgendwo der gewisse Aromakick fehlt, verleiht er mit seinem Duft das perfekte Parfum. Besonders gut passt er zur warmen Note von Zimt und spritzigem Apfel.

UNITY
SHEFFIELD

Pilz-Galettes MIT RICOTTAFÜLLUNG

- Für den Teig Mehl, Salz und Zucker gut vermischen. Die Butterstückchen dazugeben und vorsichtig mit den Fingerspitzen oder einer Gabel einarbeiten, bis das Mehl die Struktur von feinen Brotkrümeln angenommen hat. Dabei schnell arbeiten, damit die Butter nicht schmilzt. Zum Schluss genau so viel Eiswasser dazugeben, dass der Teig zusammenhält (er soll aber nicht nass sein!). Den Teig zu einer Kugel formen, diese flach drücken und in Klarsichtfolie gewickelt etwa 40 Minuten im Kühlschrank ruhen lassen.
- Die Pilze mit einem Pinselchen putzen und falls nötig grob schneiden. Die Chilischote putzen, entkernen, waschen und in feine Streifen schneiden. Die Schalotte schälen und klein würfeln. Die Schalotte in etwas Olivenöl andünsten, dann Chilistreifen und Pilze dazugeben und bei hoher Hitze anbraten. Vom Herd nehmen und mit Salz, Pfeffer und Thymian abschmecken.
- Für die Füllung Ricotta mit Parmesan und Eigelb vermischen. Mit Salz, Pfeffer und Kräutern würzen.
- Etwas Parmesan auf eine Arbeitsfläche oder direkt auf ein Backpapier streuen. Den Teig in 4 gleich große Portionen teilen und diese auf dem Parmesan zu Kreisen ausrollen. Die Ricottafüllung darauf verstreichen, dabei einen Rand von 3–4 cm frei lassen. Die Pilze auf der Füllung verteilen, die Teigränder vorsichtig einklappen und die Galettes kühl stellen.
- Den Ofen auf 220 Grad vorheizen.
- Das Eigelb mit dem Rahm vermischen und die Teigränder damit bestreichen. Die Galettes mit dem restlichen Parmesan und frischem Thymian bestreuen. Die Ofentemperatur auf 200 Grad reduzieren und die Galettes im vorgeheizten Ofen 10 Minuten backen. Das Backblech drehen und die Galettes weitere 20 Minuten backen, bis die Teigränder goldgelb sind. Aus dem Ofen nehmen und auf einem Gitter kurz auskühlen lassen.

FÜR DEN TEIG

120 G	MEHL
1 PRISE	SALZ
½ TL	ZUCKER
60 G	KALTE BUTTER, IN STÜCKCHEN
ETWAS	EISWASSER

FÜR DIE PILZE

3 HANDVOLL	PFIFFERLINGE, CHAMPIGNONS, SHIITAKE ODER KRÄUTERSEITLINGE, JE NACH ANGEBOT
½	ROTE CHILISCHOTE
1 KLEINE	SCHALOTTE
	OLIVENÖL
	SALZ, FRISCH GEMAHLENER PFEFFER
ETWAS	FRISCHER THYMIAN

FÜR DIE FÜLLUNG

250 G	RICOTTA
30 G	FRISCH GERIEBENER PARMESAN
	FRISCHER THYMIAN ZUM BESTREUEN
1 GROSSES	EIGELB
1 PRISE	SALZ
	FRISCH GEMAHLENER PFEFFER
1 HANDVOLL	FEIN GESCHNITTENES BASILIKUM ODER THYMIANBLÄTTCHEN

ZUM FERTIGSTELLEN

2–3 EL	FRISCH GERIEBENER PARMESAN ZUM AUSROLLEN UND ZUM BESTREUEN
1 GROSSES	EIGELB
2 EL	VOLLRAHM (SCHLAGSAHNE)

Dieses Rezept ist meine Geheimwaffe, wenn Gäste spontan zu Besuch kommen oder wenn zum Aperitif ein kleiner Bissen fehlt. Im Nu zubereitet und mit der Mischung aus Honig, Apfel, Käse und Salbei ein aromatisches Gedicht!

Apfel-Taleggio-Tarte

FÜR DEN TEIG

500 G	MEHL
10 G	SALZ
5 G	FRISCHE HEFE
1 TL	ZUCKER
340 ML	WASSER
	OLIVENÖL ZUM BESTREICHEN

FÜR DEN BELAG

250 G	TALEGGIO
1	ROTSCHALIGER APFEL
EINIGE	BLÄTTER SALBEI
1 HANDVOLL	GERIEBENER PECORINO ODER PARMESAN
	FRISCH GEMAHLENER PFEFFER
	FLÜSSIGER HONIG

- Für den Teig Mehl und Salz in eine Schüssel geben. Eine Mulde bilden, die Hefe zerbröckeln und mit dem Zucker und der Hälfte des Wassers in die Mulde geben. Die Hefe kurz gehen lassen. Mithilfe eines Kochlöffels das Mehl nach und nach unter die Flüssigkeit mischen, dann das restliche Wasser dazugeben. Alles auf der Arbeitsfläche kurz zu einem gleichmäßigen Teig kneten. Den Teig zugedeckt kurz ruhen lassen.
- Den Teig direkt auf Backpapier ausrollen und mit wenig Olivenöl bestreichen. Für den Belag den Taleggio in kleine Stückchen schneiden. Den Apfel waschen, entkernen und in feine Scheiben schneiden. Den Teig mit dem Taleggio bestreuen, Apfelscheibchen und Salbei darauf verteilen. Zum Schluss mit dem geriebenen Käse bestreuen.
- Den Ofen auf 220 Grad vorheizen und ein Backblech umgekehrt in den Ofen schieben und erhitzen. Die Tarte mithilfe eines dünnen Blechs mitsamt dem Backpapier auf das heiße Ofenblech schieben und 15 Minuten backen, bis der Boden schön knusprig und der Käse geschmolzen ist. Falls nötig, zum Schluss auf Unterhitze umstellen. Mit frisch gemahlenem Pfeffer bestreuen, mit etwas Honig beträufeln und sofort genießen!

Mein lieber Freund Adam Graham hat für mich einmal diesen Bier-Cake gebacken, und ich war vom ersten Bissen an überzeugt! Der Malzgeschmack des Biers verleiht diesem pikanten Cake ein kräftiges Aroma, die Butter sorgt für die Knusperkruste. Statt Pilze können andere getrocknete Gemüse verwendet werden, ebenso können die Kräuter variiert werden, und richtige Kerle verwenden dafür natürlich ein ordentlich starkes Bier! Eine tolle Beilage zu Suppe oder Salat oder mit etwas Wurst und Käse zum Apéro.

Biercake
MIT STEINPILZEN UND THYMIAN

FÜR EINE KASTENFORM VON CA. 30 CM LÄNGE

420 G	MEHL
3 TL	BACKPULVER
1 TL	SALZ
50 G	ZUCKER
1–2 HANDVOLL	GETROCKNETE STEINPILZE
2 EL	THYMIANBLÄTTCHEN
350 ML	BIER
120 G	GESCHMOLZENE BUTTER FÜR DIE FORM

- Den Ofen auf 200 Grad vorheizen. Die Kastenform ausbuttern oder mit Backpapier auslegen.
- In einer Schüssel Mehl, Backpulver, Salz und Zucker mischen. Die Steinpilze in einer Schüssel in Wasser einweichen, dann abtropfen lassen. Abgetropfte Steinpilze, Thymianblättchen und Bier zu den trockenen Zutaten geben und vermischen.
- Den Teig in die vorbereitete Form füllen und die geschmolzene Butter darübergießen. Die Form auf ein Backblech stellen und im vorgeheizten Ofen auf der mittleren Schiene etwa 1 Stunde backen.
- Aus dem Ofen nehmen und circa 15 Minuten auskühlen lassen, dann aus der Form lösen und servieren.

Die Kartoffel ist ein wahrhaft demokratischer Alleskönner. Sie kostet nicht die Welt, und jeder kann sich nach Gusto etwas aus der Zauberknolle kreieren. Mir gefällt auch, mit wie vielen Aromen sie sich kombinieren lässt. Jetzt im Herbst darf es etwas herzhafter sein – zum Beispiel mit Schinken, Knoblauch und Salbei. Der hauchdünne, knusprige Strudelteig schafft einen Ausgleich zur Rustikalität. Das macht harten Jungs und zarten Küchenprinzessinnen gleichermaßen Appetit.

Kartoffelstrudel

MIT SALBEI

120 G	FERTIGER STRUDELTEIG
	FLÜSSIGE BUTTER ZUM BESTREICHEN
	OLIVENÖL ZUM BESTREICHEN
	FÜR DIE FÜLLUNG
200 G	FEST KOCHENDE KARTOFFELN
1	KNOBLAUCHZEHE
70 G	MOZZARELLA (½ MOZZARELLAKUGEL)
1 HANDVOLL	SALBEI, FEIN GESCHNITTEN
2 EL	OLIVENÖL
	SALZ, FRISCH GEMAHLENER PFEFFER
3–4 SCHEIBEN	SCHINKEN

- Den Ofen auf 200 Grad vorheizen.
- Die Kartoffeln schälen, waschen und in feine Scheiben schneiden. Den Knoblauch schälen und klein schneiden. Den Mozzarella ebenfalls klein schneiden. Die Kartoffelscheiben mit Mozzarella, Knoblauch, Salbei und Olivenöl vermischen. Mit Salz und Pfeffer würzen.
- Ein sauberes Küchentuch auf die Arbeitsfläche legen und mit etwas Wasser besprengen. Den Strudelteig in 2 Lagen zu einem großen Rechteck darauf auslegen und jede Lage mit wenig Butter bestreichen, damit der Teig nicht austrocknet und bricht. Die Füllung gleichmäßig auf dem Teig verteilen, dabei auf allen Seiten einen Rand frei lassen. Die Füllung mit dem Schinken belegen. Die Teigränder einschlagen und den Strudel einrollen. Mit dem Verschluss nach unten auf ein mit Backpapier belegtes Blech legen und mit etwas Olivenöl bestreichen.
- Den Strudel im vorgeheizten Ofen auf der mittleren Schiene etwa 30 Minuten knusprig backen.

Dieser Pilzstrudel macht auf dem Tisch richtig was her, denn beim Aufschneiden guckt nicht nur der grüne Rucola hervor, sondern der cremige Taleggio läuft wie Lava aus der Strudel-Knusperhülle. So schmeckt der Herbst, verpackt in Strudelform!

Pilzstrudel
MIT TALEGGIO

120 G	FERTIGER STRUDELTEIG
	OLIVENÖL ZUM BESTREICHEN
	FÜR DIE FÜLLUNG
1 HANDVOLL	GETROCKNETE STEINPILZE
1	SCHALOTTE
200 G	BRAUNE CHAMPIGNONS
20 G	BUTTER
ETWAS	FRISCHER THYMIAN
	SALZ, FRISCH GEMAHLENER PFEFFER
2 HANDVOLL	RUCOLA
100 G	TALEGGIO, IN SCHEIBEN

- Den Ofen auf 200 Grad vorheizen.
- Für die Füllung die Steinpilze einweichen. Die Schalotte schälen und fein hacken. Die Champignons mit einem Pinsel säubern, putzen und in Scheiben schneiden. Die Steinpilze abtropfen lassen. Die Butter in einer Bratpfanne schmelzen und die Schalottenwürfel darin glasig dünsten. Steinpilze und Champignons dazugeben und scharf anbraten, bis sie weich sind. Thymian dazugeben und die Pfanne vom Herd nehmen. Mit Salz und Pfeffer würzen.
- Ein sauberes Küchentuch auf die Arbeitsfläche legen und mit etwas Wasser besprengen. Den Strudelteig in 2 Lagen zu einem großen Rechteck darauf auslegen und jede Lage mit etwas Olivenöl bestreichen, damit der Teig nicht austrocknet und bricht.
- Den Rucola waschen, trocken schütteln und quer über der Teigfläche verteilen. Die Pilzmischung daraufgeben, mit dem Taleggio belegen, mit Salz und Pfeffer würzen. Die Teigränder einschlagen und den Strudel einrollen. Mit dem Verschluss nach unten auf ein mit Backpapier belegtes Blech legen und erneut mit etwas Olivenöl bestreichen.
- Den Strudel im vorgeheizten Ofen auf der mittleren Schiene etwa 30 Minuten knusprig backen.

Eclairs

FÜR 30–40 STÜCK
(JE NACH LÄNGE)

FÜR DEN BRANDTEIG

125 G	MEHL
225 ML	WASSER
65 G	BUTTER, IN STÜCKCHEN
1 PRISE	SALZ
ETWAS	ZUCKER NACH BELIEBEN
225 G	EIER (CA. 4–5 MITTELGROSSE EIER)
1	VERQUIRLTES EI ZUM BESTREICHEN

FÜR DIE FÜLLUNG

JE 125 G	HELLE UND DUNKLE KUCHENGLASUR
½ PORTION	VANILLECREME (SIEHE REZEPT SOMMERFRUCHTTARTE, SEITE 56)

- Für den Brandteig das Mehl sieben. In einem Topf Wasser, Butter, Salz und nach Belieben Zucker bis zum Siedepunkt erhitzen, dabei gut umrühren. Das gesiebte Mehl im Sturz dazugeben, mit einer Holzkelle gut umrühren und weitere 3–4 Minuten unter ständigem Rühren weiter erhitzen, bis der Teig nicht mehr am Topf klebt.
- Den Teig in der Küchenmaschine bei mittlerer Geschwindigkeit unter ständigem Rühren auskühlen lassen. Die Eier einzeln aufschlagen und nacheinander unter ständigem Rühren dazugeben. Weiterrühren, bis ein zähflüssiger Teig entstanden ist.
- Den Ofen auf 250 Grad vorheizen.
- Ein Backblech mit Backpapier auslegen. Mit einem Bleistift auf die Rückseite des Backpapiers mit genügend Abstand circa 10 cm lange Striche zeichnen. Den Brandteig in einen Spritzbeutel mit 1½ cm-Tülle füllen und entlang der Striche auf das Backpapier spritzen. Wenn das Teigband etwas zu dünn erscheint, eine weitere Lage direkt auf den Teig spritzen. Mit verquirltem Ei leicht bestreichen. Das Blech in den Ofen schieben, den Ofen sofort ausschalten und die Éclairs 15 Minuten anbacken lassen. Dann die Temperatur auf 180 Grad einstellen und die Éclairs etwa 25 Minuten knusprig backen. Herausnehmen und auf einem Gitter auskühlen lassen.
- Zum Füllen die Éclairs mit der Spitze einer Fülltülle oder einer Stricknadel auf der Seite vorsichtig einstechen.
- Die helle und die dunkle Kuchenglasur getrennt schmelzen und die Oberseite der Éclairs darin leicht eintauchen, dann auskühlen und fest werden lassen.
- Die Vanillecreme in einen Spritzbeutel mit einer Füll- oder einer feinen Lochtülle geben und die Éclairs damit füllen. Alternativ können die Éclairs auch längs halbiert und mit der Creme gefüllt werden. Sofort oder innerhalb eines halben Tages genießen.

Éclairs – sie heißen auf Deutsch auch Liebesknochen oder Hasenpfoten – mögen einfach alle! Ein kleines, hübsches Gebäck mit knuspriger Hülle und himmlisch luftiger Füllung. Es ist gar keine Hexerei, sie selber zu machen!

Der Garten gibt eine Zugabe und liefert das Letzte, was noch in ihm steckt. Die Dahlien stehen stolz im goldenen Sonnenlicht – und doch schwingt bereits eine kleine Wehmut mit. Tröstend ist dann, dass in der Küche die Aromen von Pflaume, Birne, Honig und Zimt ihren warmen Duft verströmen.

Manchmal fehlt zu einem kleinen Lunch aus Suppe oder Salat noch das gewisse Etwas zur Abrundung. Mit diesem Cake aus sonnengeküssten Tomaten kommt nicht nur der volle Geschmack des Sommers auf den Tisch, sondern zugleich eine Beilage, die wunderbar sättigt.

Cake aus sonnengeküssten Tomaten

- Den Ofen auf 180 Grad vorheizen. Die Kastenform ausbuttern oder mit Backpapier auslegen.
- Die getrockneten Tomaten klein schneiden. Die Eier mit der Milch verquirlen, dann Käse, Schinken, Salbei und die klein geschnittenen Tomaten dazugeben. Das Mehl mit dem Backpulver sieben und abwechselnd mit dem Öl zur Ei-Milch-Mischung geben und darunterziehen. Mit Salz und Pfeffer abschmecken. Den Teig in die vorbereitete Form füllen. Mit den restlichen beiden getrockneten Tomaten ausgarnieren.
- Den Kuchen im vorgeheizten Backofen auf der mittleren Schiene etwa 50 Minuten backen. Unbedingt die Stäbchenprobe machen, um zu kontrollieren, ob er durchgebacken ist. Aus dem Ofen nehmen, 10 Minuten in der Form auskühlen lassen und nach Belieben noch warm mit etwas Frischkäse oder Mascarpone servieren.

FÜR EINE KASTENFORM VON 25 CM LÄNGE

4–5	SONNENGETROCKNETE TOMATEN
3	EIER
100 ML	MILCH
120 G	GERIEBENER FONTINA
130 G	GEWÜRFELTER SCHINKEN
ETWAS	FEIN GESCHNITTENER FRISCHER SALBEI
180 G	MEHL
15 G	BACKPULVER
100 ML	SONNENBLUMENÖL
	SALZ, FRISCH GEMAHLENER PFEFFER
	BUTTER FÜR DIE FORM
ETWAS	FRISCHKÄSE ODER MASCARPONE ZUM SERVIEREN, NACH BELIEBEN
2	SONNENGETROCKNETE TOMATEN ZUM GARNIEREN

Dieser Cake ist ein effektives Mittel gegen die Zucchini-Schwemme in Ihrem Garten. Schokolade, Pistazien und ein Hauch Zimt ergeben mit den Zucchini einen schönen, warm-aromatischen Cake, der an den ersten kalten Herbsttagen die Seele tröstet und dabei die Vorfreude auf den Winter weckt.

Zucchini-Schokoladen-Cake
MIT PISTAZIEN

FÜR ZWEI KASTENFORMEN VON 25 CM LÄNGE

3	EIER
160 G	ZUCKER
250 ML	OLIVEN- ODER SONNENBLUMENÖL
CA. 280 G	ZUCCHINI
2 TL	VANILLEEXTRAKT ODER MARK VON 1 VANILLESCHOTE
330 G	MEHL
4 TL	ZIMT
1 PRISE	FRISCH GERIEBENE MUSKATNUSS
1 TL	BACKPULVER
1 TL	SALZ
100 G	GEHACKTE PISTAZIEN (ODER PEKANNÜSSE)
90 G	SCHOKOLADE, IN STÜCKCHEN

ZUM SERVIEREN

ETWAS	VANILLEEIS
ETWAS	SCHOKOLADENGLASUR, NACH BELIEBEN

- Den Ofen auf 180 Grad vorheizen. Die beiden Formen mit Backpapier auskleiden.
- In einer Schüssel die Eier mit einem Schwingbesen aufschlagen. Zucker und Öl daruntermischen. Die Zucchini waschen, auf der Gemüsereibe reiben und zusammen mit der Vanille dazugeben.
- Mehl, Zimt, großzügig Muskatnuss, Backpulver und Salz vermischen, die gehackten Pistazien und die Schokoladenstückchen dazugeben und unter die flüssige Masse mischen.
- Den Teig in die vorbereiteten Formen füllen und im vorgeheizten Ofen auf der mittleren Schiene etwa 1 Stunde backen. Unbedingt die Stäbchenprobe machen, um zu kontrollieren, ob die Kuchen durchgebacken sind.
- Die Kuchen aus dem Ofen nehmen, etwas auskühlen lassen, aus den Formen heben und noch warm mit etwas Vanilleeis servieren. Köstlich schmeckt dieser Kuchen auch, wenn er mit Schokoladenglasur überzogen wird.

Als Kind habe ich Béchamelsauce geradezu verschlungen, auch ganz ohne jede Beilage. Schmeckt sie nicht wunderbar? Auf keinen Fall auf die Würze von Lorbeerblatt, Nelken und ordentlich Muskatnuss verzichten. Sie geben der Sauce erst richtig Geschmack. Cremig und sanft hüllt sie alles ein. In diesem Fall herbstliche Pilze mit reichlich frischem Dill.

Cremige Pilztörtchen
MIT DILL

- Den Ofen auf 200 Grad vorheizen.
- Den Blätterteig ausrollen, daraus 8 Teigkreise von circa 11 cm Durchmesser ausstechen und die Tarteletteförmchen damit auskleiden. Kühl stellen.
- Für die Füllung die Pilze mit einem Pinsel säubern, putzen, klein schneiden und in etwas Olivenöl bei hoher Hitze anbraten. Mit einem Schuss Weißwein ablöschen und einkochen lassen. Vom Herd nehmen, mit Dill vermischen und mit Salz und Pfeffer abschmecken.
- Für die Béchamelsauce die Butter in einem Topf schmelzen. Das Mehl dazugeben und unter ständigem Rühren mit einer Holzkelle leicht anrösten. Milch, Lorbeerblatt und Nelken dazugeben. Ständig weiterrühren, bis die Sauce leicht eindickt. Mit Salz, Pfeffer und Muskatnuss abschmecken, Lorbeerblatt und Nelken aus der Sauce entfernen. Dann zuerst den geriebenen Käse und anschließend die gebratenen Pilze in die Sauce geben.
- Die Pilzfüllung in die vorbereiteten Förmchen verteilen (ungefähr 2 Esslöffel pro Förmchen), mit etwas geriebenem Käse bestreuen und mit Dill garnieren. Die Teigränder mit verquirltem Ei bestreichen und die Törtchen im vorgeheizten Ofen 25 Minuten backen.

FÜR 8 TARTELETTE-FÖRMCHEN VON 9 CM DURCHMESSER

320 G	BLÄTTERTEIG

FÜR DIE FÜLLUNG

200 G	FRISCHE GEMISCHTE PILZE
	OLIVENÖL ZUM BRATEN
ETWAS	WEISSWEIN
	FRISCH GEHACKTER DILL
	SALZ, FRISCH GEMAHLENER PFEFFER

FÜR DIE BÉCHAMELSAUCE

50 G	BUTTER
40 G	MEHL
400 ML	MILCH
1	LORBEERBLATT
2	NELKEN
	SALZ, FRISCH GEMAHLENER PFEFFER, FRISCH GERIEBENE MUSKATNUSS
100 G	GERIEBENER GRUYÈRE ODER PARMESAN

ZUM FERTIGSTELLEN

ETWAS	GERIEBENER GRUYÈRE ODER PARMESAN ZUM BESTREUEN
ETWAS	FRISCHER DILL ZUM GARNIEREN
1	VERQUIRLTES EI ZUM BESTREICHEN

Schokoladen-Frangipane
MIT BIRNEN

- Für den Teig das Mehl mit dem Salz vermischen und mit den Fingerspitzen die Butter einarbeiten, bis die Masse die Struktur von Brotkrümeln angenommen hat. Eine Mulde hineindrücken. Ei und Milch in die Mulde geben und alles zu einem Teig verarbeiten. Den Teig zu einer Kugel formen, diese etwas flach drücken und in Klarsichtfolie gewickelt mindestens 30 Minuten im Kühlschrank ruhen lassen.
- Die Birnen schälen, aber nicht entkernen, mit den restlichen Zutaten in einen Topf geben, aufkochen und 20 Minuten bei kleiner Hitze köcheln lassen. Die Birnen sollen dabei weich werden, aber nicht zerfallen. In der Flüssigkeit auskühlen lassen.
- Den Ofen auf 200 Grad vorheizen.
- Den Teig auf der leicht bemehlten Arbeitsfläche oder zwischen zwei Lagen Backpapier vorsichtig ausrollen und die Tarteform damit auskleiden. Den Teigboden mit einer Gabel mehrmals einstechen, mit Backpapier belegen und Hülsenfrüchten beschweren. 15–20 Minuten kühl stellen. Dann im vorgeheizten Ofen auf der mittleren Schiene 10–15 Minuten blind backen. Die Form aus dem Ofen nehmen, Hülsenfrüchte und Backpapier entfernen und den Tarteboden leicht auskühlen lassen. Die Ofentemperatur auf 150 Grad reduzieren.
- Für die Frangipane die Schokolade in einer Schüssel über einem leicht kochenden Wasserbad schmelzen. Die Butter mit dem Zucker in einer Schüssel hell und schaumig aufschlagen. Dann abwechselnd Eier, geriebene Mandeln, Mehl und Zimt und zum Schluss die geschmolzene Schokolade dazugeben.
- Zum Fertigstellen die Birnen halbieren, das Kerngehäuse entfernen. Die Hälfte der Frangipane auf den Tarteboden geben, die halbierten Birnen darauf anrichten und die restliche Schokoladen-Frangipane darübergeben. Mit den Mandelscheibchen bestreuen. Im Ofen etwa 1 Stunde backen.

FÜR EINE TARTEFORM
VON 24 CM DURCHMESSER

FÜR DEN TEIG

250 G	MEHL
1 TL	SALZ
150 G	BUTTER, IN STÜCKCHEN
1	EI
1 EL	MILCH
	MEHL FÜR DIE ARBEITSFLÄCHE

FÜR DIE BIRNEN

3 GROSSE	BIRNEN
1	ZITRONE, SAFT
1	ORANGE, SAFT
200 G	ZUCKER
2	ZIMTSTANGEN
2	STERNANIS
500 ML	WEISSWEIN

FÜR DIE FRANGIPANE

200 G	DUNKLE SCHOKOLADE (70 % KAKAOANTEIL)
100 G	WEICHE BUTTER
100 G	ZUCKER
3	EIER
100 G	GERIEBENE MANDELN
30 G	MEHL
1 TL	ZIMT

ZUM GARNIEREN

1 EL	MANDELSCHEIBCHEN

SCHINKENGIPFEL MIT ZIMT (REZEPT SEITE 126)

Winter

WÄHREND DER GARTEN im wohlverdienten Winterschlaf ruht, zehren wir von dem, was wir uns im Laufe des Jahres aufgespart haben. Die Früchte des Sommers liegen saftig und süß in Konservengläsern, sie begleiten den Sonntagskuchen und lassen die Gedanken um den letzten oder doch schon den nächsten Sommer kreisen?

AUF SÜSSE GENÜSSE muss auch jetzt nicht verzichtet werden. Statt verführerischer Früchte gibt es nun sündig feine Schokolade. Dabei lohnt es sich, bei der Qualität nicht zu geizen – damit der Schokoladenkuchen zur Perle auf dem Teller wird und uns mit seinem Aroma gänzlich verzaubert. Dazu passen Nüsse und getrocknete Früchte aus dem Vorrat und all die warmen schönen Gewürze, die nach Weihnachten, nach Kerzenlicht und heimeligen Stunden auf dem Sofa duften.

IN DER GEMÜSEKISTE liegt mit Karotten, Kartoffeln, Randen die geballte Kraft der Erde. Letztere harmonieren ganz besonders gut mit der Königin der Zitrusfrüchte, der Blutorange. Zufall? Ich glaube eher an Fügung, so köstlich wie die beiden miteinander harmonieren und mit einem knusprigen Teig mit Haselnüssen eine leckere Pizza für hungrige Skihasen ergeben.

NUN IST DIE ZEIT zum Feiern – Cakes, Tartes und Torten dürfen darum reich belegt, hoch getürmt und kunstvoll ausgarniert werden. Ein bisschen Glamour auf dem Kuchenständer bringt Glanz in graue Tage, an denen die Welt im Schnee versinkt, und ein spritziger Zitronencake bringt im Nu Lebensfreude auf den Tisch und weckt die Lebensgeister.

Lachscake mit Dill (Rezpt Seite 127), ein salziger Cake, der beim Sonntagsbrunch eine schöne Ergänzung zu Croissants und Sonntagszopf ergibt.

Wo auch immer ich gerade auf der Welt bin, weckt der Duft dieser Schinkengipfel Heimatgefühle in mir. Die Prise Zimt wirkt auf den ersten Blick etwas merkwürdig, harmoniert aber ganz großartig mit dem Schinken und macht dieses salzige Croissant zu einem herzhaften, aber doch lieblich-aromatischen Apéro-Gebäck.

Schinkengipfel MIT ZIMT

BILD SEITE 121/122

270 G	BLÄTTERTEIG
1	VERQUIRLTES EI ZUM BESTREICHEN
	FÜR DIE FÜLLUNG
150 G	RAHMQUARK
160 G	SCHINKEN, IN SCHEIBEN
1 TL	SENF
½ BUND	GLATTE PETERSILIE, FEIN GESCHNITTEN
	SALZ, FRISCH GEMAHLENER PFEFFER
1 PRISE	ZIMT

- Den Ofen auf 220 Grad vorheizen.
- Für die Füllung alle Zutaten miteinander vermischen.
- Den Blätterteig rund ausrollen und in 8 gleich große Dreieckstücke teilen. Am breiten Ende der Teigstücke jeweils 1 Esslöffel der Füllung daraufgeben, die Ränder mit etwas verquirltem Ei bestreichen und die Teigstücke von der breiten Seite her zu Croissants aufrollen. Mit der Teigspitze nach unten auf ein mit Backpapier belegtes Blech legen und mit dem restlichen verquirlten Ei bestreichen. Im vorgeheizten Ofen auf der mittleren Schiene etwa 25 Minuten knusprig backen.
- Noch lauwarm servieren.

Lachscake

MIT DILL

FÜR EINE KASTENFORM VON 26 CM LÄNGE (ODER EINE KLEINE GUGELHUPFFORM)

BILD SEITE 124

3	EIER
100 ML	MILCH
100 ML	SONNENBLUMENÖL
180 G	MEHL
15 G	BACKPULVER
120 G	GERIEBENER GRUYÈRE
120 G	GERÄUCHERTES LACHSFILET
1 HANDVOLL	DILL
2 EL	ZERSTOSSENE ROSA PFEFFERKÖRNER
	SALZ, FRISCH GEMAHLENER PFEFFER
	GANZE ROSA PFEFFERKÖRNER ZUM GARNIEREN
	BUTTER FÜR DIE FORM

- Den Ofen auf 180 Grad vorheizen. Die Form ausbuttern und nach Belieben mit Backpapier auslegen.
- Eier, Milch und Öl in einer Schüssel verrühren. Das Mehl mit dem Backpulver und dem geriebenen Käse vermischen. Das Lachsfilet würfeln. Den Dill waschen, trocken schütteln und fein hacken. Lachs, Dill und zerstoßene rosa Pfefferkörner zu der Mehl-Käse-Mischung geben und unterrühren. Dann die flüssigen Zutaten zugeben und ebenfalls unterrühren. Mit Salz und frisch gemahlenem Pfeffer abschmecken.
- Den Teig in die vorbereitete Form füllen und mit einigen ganzen rosa Pfefferkörnern garnieren. Im vorgeheizten Ofen auf der mittleren Schiene etwa 50 Minuten backen. Herausnehmen, etwa 10 Minuten auskühlen lassen, aus der Form nehmen und noch warm servieren.

Es war auf meiner ersten Reise nach New York, im Café Bari an der Ecke Broadway und Spring Street. Es war morgens in aller Herrgottsfrüh, als ich diese Cream-Cheese-Brownies entdeckt und gleich zum Frühstück gegessen habe. Es vergingen Jahre, bis der Cream Cheese seinen Weg in die Schweiz und das perfekte Rezept den Weg in meine Küche gefunden haben. Das Warten hat sich gelohnt – diese Brownies vergehen einem geradezu auf der Zunge. Und aus dem Gegensatz von süßer Schokolade und saurem Cream Cheese wird eine perfekte Harmonie. I'm forever in love.

MEINE Cream-Cheese-Brownies

FÜR EIN BROWNIEBLECH (CA. 18 × 27 CM)

FÜR DEN TEIG

125 G	DUNKLE SCHOKOLADE
125 G	BUTTER
2	EIER
200 G	ZUCKER
1 TL	VANILLEEXTRAKT ODER 1 PÄCKCHEN VANILLEZUCKER
75 G	MEHL
1 PRISE	SALZ

FÜR DAS TOPPING

200 G	DOPPELRAHMFRISCHKÄSE (Z. B. PHILADELPHIA)
1	EIGELB
70 G	ZUCKER
1	VANILLESCHOTE, MARK

- Den Ofen auf 220 Grad vorheizen. Das Backblech mit Backpapier auskleiden.
- Für den Teig die Schokolade in grobe Stücke brechen und mit der Butter in einem kleinen Topf schmelzen, glatt rühren und leicht auskühlen lassen.
- Eier und Zucker mit dem Schneebesen luftig aufschlagen, die Vanille dazugeben und alles unter die Schokoladenmasse rühren.
- Mehl und Salz mischen, auf die Schokoladenmasse sieben und alles zu einem Teig verrühren. Den Brownieteig auf dem vorbereiteten Blech gleichmäßig verstreichen.
- Für das Topping Doppelrahmfrischkäse, Eigelb, Zucker und Vanillemark in einer kleinen Schüssel glatt rühren. Mit einem Esslöffel portionsweise über dem Schokoladenteig verteilen, eine Gabel wellenförmig quer durch den Teig ziehen, damit eine Marmorstruktur entsteht.
- Das Blech in der Mitte des vorgeheizten Ofens einschieben und die Brownies etwa 25 Minuten backen, bis sich an der Oberfläche eine leichte Kruste gebildet hat, das Innere der Brownies aber noch schön feucht ist. Mit dem Backpapier aus der Form heben und auskühlen lassen.
- Mit einem scharfen Messer in beliebig große Stücke schneiden.

Zitrusfrüchte sind wunderbar spritzig im Aroma und bringen Farbe und Frische in den Alltag. Mit diesem mit Zitronensaft getränkten Cake bringt man bestimmt viel gute Laune ins Haus.

Getränkter Zitronencake

FÜR ZWEI KASTENFORMEN VON 26 CM LÄNGE

FÜR DEN TEIG

230 G	ZIMMERWARME BUTTER
450 G	ZUCKER
4	EIER
4–5	UNBEHANDELTE ZITRONEN, ABGERIEBENE SCHALE
CA. 330 G	MEHL
½ TL	BACKPULVER
1 TL	SALZ
180 ML	MILCH
3	ZITRONEN, SAFT

FÜR DEN SIRUP

100 G	ZUCKER
CA. 100 ML	ZITRONENSAFT (CA. 2 KLEINE ZITRONEN)

FÜR DIE GLASUR

250 G	PUDERZUCKER
5 EL	LIMETTENSAFT
1 EL	KIRSCHWASSER NACH BELIEBEN

- Den Ofen auf 175 Grad vorheizen. Die beiden Formen mit Backpapier auslegen.
- Für den Teig Butter und Zucker in der Küchenmaschine etwa 5 Minuten schaumig rühren, bis sie hell und luftig ist. Nach und nach die Eier darunterrühren. Zum Schluss die Zitronenschale dazugeben.
- Mehl, Backpulver und Salz sieben. Abwechselnd mit der Milch und dem Zitronensaft zur Butter-Zucker-Mischung geben und verrühren. Den Teig gleichmäßig auf die beiden Formen verteilen, die Oberfläche glatt streichen. Im vorgeheizten Ofen auf der mittleren Schiene 45–60 Minuten backen. Unbedingt die Stäbchenprobe machen, um zu kontrollieren, ob die Kuchen durchgebacken sind. Etwa 10 Minuten in der Form auskühlen lassen, dann auf ein Gitter stürzen.
- Für den Sirup Zucker und Zitronensaft in einem kleinen Topf erwärmen, bis sich der Zucker aufgelöst hat und die Flüssigkeit eine sirupartige Konsistenz hat. Die gestürzten Cakes mehrmals mit einer Stricknadel oder einem Messerchen einstechen und mit dem Zitronensirup vorsichtig begießen. Gut auskühlen lassen.
- Für die Glasur den Puderzucker sieben und mit Limettensaft und nach Belieben Kirschwasser glatt rühren. Falls die Glasur zu dickflüssig ist, etwas Wasser, falls sie zu flüssig ist, etwas Puderzucker zugeben. Die getränkten Cakes umdrehen und großzügig glasieren.

Eine frisch-fruchtige Tarte mitten im Winter! Es kann dafür Orangen-, Mandarinen- oder Zitronensaft verwendet werden, je nach Angebot. So oder so bringt diese Tarte mit ihrem Aroma von Zitrusfrucht und Pinienkernen den Duft Italiens in die kalte Winterszeit.

Zitrus-Ricotta-Tarte
MIT PINIENKERNEN

FÜR DEN TEIG

125 G	BUTTER, IN STÜCKCHEN
90 G	ZUCKER
1	EI
250 G	MEHL
	MEHL FÜR DIE ARBEITSFLÄCHE

FÜR DIE FÜLLUNG

1	UNBEHANDELTE ORANGE ODER ZITRONE, ABGERIEBENE SCHALE
4 EL	ZITRUSFRUCHTSAFT
2	EIER
350 G	RICOTTA
50 G	ZUCKER

ZUM SERVIEREN

1 HANDVOLL	PINIENKERNE ZUM BESTREUEN
	PUDERZUCKER ZUM BESTREUEN

- Für den Teig Butter und Zucker in der Küchenmaschine gut vermischen, dann das Ei und das Mehl dazugeben und alles zu einem gleichmäßigen Teig rühren, dabei aber so schnell wie möglich arbeiten. Den Teig zu einer Kugel formen, diese flach drücken und in Klarsichtfolie gewickelt 45 Minuten im Kühlschrank ruhen lassen.
- Den Ofen auf 180 Grad vorheizen.
- Den Teig auf der leicht bemehlten Arbeitsfläche ausrollen und die Tarteform damit auskleiden, überstehenden Teig mit einem scharfen Messer wegschneiden (oder einfach mit dem Nudelholz über den Rand der Form fahren). Zum Blindbacken den Teig mit Backpapier belegen und mit Hülsenfrüchten beschweren. Erneut 20 Minuten kühl stellen. Dann den Teigboden im vorgeheizten Ofen auf der mittleren Schiene 10 Minuten blind backen. Hülsenfrüchte und Backpapier entfernen und den Teigboden weitere 5–10 Minuten goldgelb backen. Aus dem Ofen nehmen und auskühlen lassen.
- Für die Füllung alle Zutaten im Mixer oder mit dem Handrührgerät gut vermischen. Die Füllung auf den ausgekühlten Teigboden geben und glatt streichen. Die Tarte im Ofen auf der mittleren Schiene etwa 20 Minuten backen, bis die Füllung gestockt ist. Auskühlen lassen, dann aus der Form lösen, mit den Pinienkernen bestreuen und vor dem Servieren mit etwas Puderzucker bestäuben.

Eines Tages habe ich die Zimtblüte entdeckt, und seither darf sie in meinem Gewürzschrank nicht mehr fehlen. Sie entfaltet einen unglaublichen Aromenfächer an Duft und Parfum. Zimtblüte ist viel aromatischer als Zimtpulver und verzaubert mit ihrem lieblichen und intensiven Geruch. Sie macht damit einfachste Desserts wie diesen Marmorkuchen zu etwas ganz Besonderem.

Marmorkuchen

MIT ZIMT UND KARDAMOM

FÜR EINE KASTENFORM VON 25 CM LÄNGE

200 G	WEICHE BUTTER
200 G	ZUCKER
1	VANILLESCHOTE, MARK
3 GROSSE	EIER
250 G	MEHL
3 EL	BACKPULVER
5 EL	MILCH
2 EL	KAKAOPULVER
4	KARDAMOMKAPSELN, GERÖSTET, DANN SAMEN ZERSTOSSEN
1 EL	GEMAHLENE ZIMTBLÜTE (ODER ZIMT)
ETWAS	PUDERZUCKER ZUM BESTREUEN NACH BELIEBEN

- Den Ofen auf 180 Grad vorheizen. Die Form mit Backpapier auskleiden.
- In einer großen Schüssel die Butter schaumig schlagen, bis sich kleine Spitzen bilden. 180 g des Zuckers und das Vanillemark dazugeben und die Masse hell und schaumig aufschlagen. Die Eier nacheinander dazugeben und unterrühren. Das Mehl mit dem Backpulver in die Masse sieben. 2 Esslöffel Milch dazugeben und gut vermischen.
- ⅔ der Masse in die Form füllen. Kakaopulver und Gewürze zur restlichen Teigmasse geben und mit dem restlichen Zucker (20 g) und der restlichen Milch (3 EL) vermischen. Den Schokoladenteig in die Form auf den hellen Teig geben und eine Gabel spiralförmig durch den Teig ziehen, damit ein Marmoreffekt entsteht.
- Den Cake im vorgeheizten Ofen auf der mittleren Schiene 50–65 Minuten backen. Unbedingt die Stäbchenprobe machen, um zu kontrollieren, ob der Kuchen durchgebacken ist. Den Kuchen aus der Form lösen und auskühlen lassen. Vor dem Servieren nach Belieben mit Puderzucker bestäuben.

TIPP

Damit dieser Kuchen sein volles Aroma entfalten kann, unbedingt auskühlen lassen. Oder noch besser: am Vorabend zubereiten.

Eine richtige Superpizza mit knusprigem Haselnussteig und gesundem und dennoch köstlichem Belag aus würzigen, gedämpften Randen (Roter Bete) und spritziger Blutorange. Ein schöner Farbtupfer auf dem Tisch und ein totaler Gaumenschmeichler!

Randen-Blutorangen-Pizza
MIT HASELNUSSTEIG

- Für den Belag die ungeschälten Randen mit den Gewürzen und etwas Rapsöl in Alufolie packen. Bei 180 Grad im Ofen 1–1½ Stunden garen (je nach Größe). Dann auskühlen lassen, schälen und mit dem Gemüsehobel in dünne Scheibchen schneiden.
- Für den Teig Mehl, gemahlene Haselnüsse, Wasser, Salz und Hefe zu einem Teig verarbeiten. Die gehackten Haselnüsse zum Schluss dazugeben. Den Teig zu einer Kugel formen und in einer sauberen Schüssel etwas gehen lassen.
- Den Ofen auf Maximaltemperatur stellen. Ein Backblech umgekehrt in der Mitte des Ofens einschieben und vorwärmen.
- Den Teig in zwei gleich große Portionen teilen und jeweils möglichst dünn ausrollen. Auf ein mit Backpapier belegtes dünnes Blech legen. Den Teig mit wenig Olivenöl bestreichen und die Randenscheiben überlappend darauflegen. Den Teig mitsamt Backpapier mithilfe des dünnen Blechs auf das heiße Ofenblech schieben und etwa 15 Minuten backen, bis der Teig schön knusprig ist.
- In der Zwischenzeit die Orangen schälen und in Scheiben schneiden. Die Orangenscheiben auf der Pizza anrichten. Crème fraîche mit Zitronensaft und -schale vermischen und über die Pizza träufeln. Mit Brunnenkresse oder Portulak belegen und sofort servieren.

FÜR DEN BELAG

2 MITTELGROSSE	RANDEN (ROTE BETEN)
EINIGE	KORIANDERKÖRNER, PFEFFERKÖRNER UND FENCHELSAMEN, LEICHT ZERSTOSSEN
1	KARDAMOMKAPSEL, TROCKEN GERÖSTET, DANN SAMEN GEMAHLEN
	RAPSÖL
2	BLUTORANGEN
ETWAS	CRÈME FRAÎCHE
1	UNBEHANDELTE ZITRONE, SAFT UND ETWAS ABGERIEBENE SCHALE
	BRUNNENKRESSE ODER PORTULAK, JE NACH SAISON

FÜR DEN TEIG

550 G	MEHL
50 G	GEMAHLENE HASELNÜSSE
340 ML	WASSER
10 G	SALZ
5 G	FRISCHE HEFE
1 HANDVOLL	HASELNÜSSE, GEHACKT
ETWAS	OLIVENÖL ZUM BESTREICHEN

Eine festliche Torte. Diese üppige Strudeltorte mit den beschwipsten Pflaumen drin sollten Sie unbedingt noch warm und mit ordentlich Kardamom-Vanille-Sauce übergossen servieren. In Frankreich gehört dieses Rezept zu dem über Generationen weitervererbten Schatz mancher Familie. Ein Traum!

Pastis Gascon

FÜR EINE TARTEFORM VON 22 CM DURCHMESSER MIT HOHEM RAND

150 G	GESCHMOLZENE BUTTER
CA. 240 G	FILOTEIG

FÜR DIE FÜLLUNG

1 HANDVOLL	GETROCKNETE, ENTSTEINTE PFLAUMEN
	COGNAC
3 GROSSE	SAURE ÄPFEL
200 G	BRAUNER ZUCKER
1 PRISE	GEMAHLENE ZIMTBLÜTE
1	KARDAMOMKAPSEL, GERÖSTET, DANN SAMEN ZERSTOSSEN

ZUM SERVIEREN

	PUDERZUCKER ZUM BESTREUEN
ETWAS	KARDAMOM-VANILLE-SAUCE (SIEHE REZEPT DAMPFNUDELN, SEITE 78)

- Für die Füllung die Pflaumen über Nacht in Cognac einweichen. Am nächsten Tag abtropfen lassen.
- Den Ofen auf 180 Grad vorheizen. Die Tarteform großzügig mit der geschmolzenen Butter ausstreichen. Die Form mit insgesamt drei Lagen Filoteig auskleiden. Dabei den Teig großzügig die Ränder überlappen lassen und die einzelnen Filoteigblätter mit der flüssigen Butter bestreichen.
- Die Äpfel schälen, entkernen und mit der Gemüsereibe in feine Streifen hobeln, mit Zucker, Zimt und dem zerstoßenen Kardamom vermischen. Die Äpfel zusammen mit den abgetropften Pflaumen in die ausgelegte Form geben. Mit dem überlappenden Teig zudecken und diesen nach Bedarf etwas nachbuttern. Im vorgeheizten Ofen auf der mittleren Schiene etwa 40 Minuten backen, bis der Teig schön golden und knusprig ist.
- Noch warm mit Puderzucker bestäubt und mit etwas Kardamom-Vanille-Sauce servieren.

Der französischen Pâtisserie gehört mein ganzes Herz. Und damit auch der »Pâte à choux«, dem Brandteig, aus dem sich süße und salzige Köstlichkeiten kreieren lassen. Der Klassiker »Paris-Brest« – eigentlich nichts anderes als ein großes, rundes Éclair – wurde als Hommage an das Fahrradrennen von Paris nach Brest kreiert. Nun, nach so einem Fahrradrennen hat man sich diese Torte auch redlich verdient. Manchmal aber ist sie auch nur eine schöne Belohnung nach einem Winterspaziergang.

Paris-Brest

FÜR 1 GROSSEN ODER 2 KLEINE TEIGRINGE

FÜR DEN TEIG

125 G	MEHL
225 ML	WASSER
65 G	BUTTER, IN STÜCKCHEN
1 PRISE	SALZ
ETWAS	ZUCKER NACH BELIEBEN
225 G	EIER (CA. 4–5 MITTELGROSSE EIER)
1	VERQUIRLTES EI ZUM BESTREICHEN
2–3 EL	MANDELBLÄTTCHEN
	PUDERZUCKER ZUM BESTREUEN

FÜR DIE FÜLLUNG

½ PORTION	VANILLECREME (SIEHE REZEPT SOMMERFRUCHTTARTE, SEITE 56)
2–3 EL	INSTANT-ESPRESSOPULVER

- Für den Teig das Mehl sieben. In einem Topf Wasser, Butter, Salz und nach Belieben Zucker bis zum Siedepunkt erhitzen, dabei gut umrühren. Das gesiebte Mehl im Sturz dazugeben und mit einer Holzkelle gut umrühren. Den Teig 3–4 Minuten unter ständigem Rühren weiter erhitzen, bis er nicht mehr klebt. Dann in der Küchenmaschine bei mittlerer Geschwindigkeit unter ständigem Rühren auskühlen lassen. Die Eier einzeln aufschlagen und nacheinander unter ständigem Rühren dazugeben. Weiterrühren, bis die Masse zu einem zähflüssigen Teig geworden ist.
- Den Ofen auf 250 Grad vorheizen.
- Auf einem Backpapier mit einem Bleistift einen Kreis von circa 20 cm zeichnen. Den Brandteig in einen Spritzbeutel mit 1½-cm-Tülle füllen und entlang der Kreislinie aufs Papier spritzen. Mit einem unmittelbar anschließenden Kreis die Breite verdoppeln. Je 1 weiteren Ring Brandteig auf die beiden Ringe spritzen. Mit verquirltem Ei leicht bestreichen und mit den Mandelblättchen bestreuen. In den Ofen schieben, diesen sofort ausschalten und den Teig 15 Minuten anbacken lassen. Dann die Temperatur auf 180 Grad einstellen und das Gebäck etwa 25 Minuten knusprig backen. Herausnehmen und auf einem Gitter auskühlen lassen.
- Die Vanillecreme mit dem Espressopulver verrühren und in einen Spritzbeutel füllen. Das Gebäck quer durchschneiden und mit der Creme füllen. Den Deckel wieder aufsetzen und mit Puderzucker bestäuben. Am besten sofort servieren oder innerhalb eines halben Tages genießen.

Es war quasi die Eintrittskarte in unsere Familie. Wer bei meiner Großmutter zum ersten Mal am Tisch saß, musste ordentlich Schwarzwäldertorte essen. Schnell waren ein, zwei große Stücke abgeschnitten und mit einer Tasse Schwarztee aufgetragen. Sie hatte ja Recht, so eine Schwarzwäldertorte ist einfach etwas Großartiges! Luftiger Biskuit, feiner Rahm – und in meiner Version all die wunderbaren Gewürze, die nach Advent und Weihnachten duften.

WEIHNACHTS-Schwarzwäldertorte

FÜR ZWEI SPRINGFORMEN VON 22 CM DURCHMESSER

FÜR DEN BISKUIT

250 G	ZUCKER
8	EIER
200 G	MEHL
1 TL	BACKPULVER
50 G	KAKAOPULVER
1 EL	GEMAHLENE ZIMTBLÜTE (ODER ZIMT)
1 PRISE	GEMAHLENE NELKEN
1 PRISE	GEMAHLENER KARDAMOM
50 G	GESCHMOLZENE BUTTER

FÜR DIE FÜLLUNG

CA. 500 ML	VOLLRAHM (SCHLAGSAHNE)
1	VANILLESCHOTE, MARK
CA. 130 G	SCHOKOLADENSPÄNE
	GETROCKNETE UND GEZUCKERTE ROSENBLÄTTER NACH BELIEBEN

- Den Ofen auf 180 Grad vorheizen. Boden und Rand der Springformen mit Backpapier auskleiden.
- Für den Biskuit Zucker und Eier in der Küchenmaschine 8–10 Minuten schaumig schlagen, bis die Masse schön luftig und hell ist.
- Das Mehl mit Backpulver, Kakaopulver und Gewürzen vermischen und durchsieben. Sorgfältig unter die Zucker-Eier-Mischung rühren. Die geschmolzene, ausgekühlte Butter beifügen und darunterziehen. Den Teig auf die Springformen verteilen, glatt streichen und im vorgeheizten Ofen auf der mittleren Schiene etwa 25 Minuten backen. Unbedingt die Stäbchenprobe machen, um zu kontrollieren, ob die Biskuits durchgebacken sind. Die Formen aus dem Ofen nehmen und die Biskuits in der Form auskühlen lassen.
- Für die Füllung den Rahm steif schlagen, kurz vor Ende das Vanillemark hinzufügen.
- Die Biskuits nach Belieben quer halbieren, um eine mehrstöckige Torte daraus zu machen (dabei eventuell etwas mehr Rahm verwenden): ⅔ des Rahms mit dem Spritzbeutel auf die Biskuitböden geben, mit einem Tortenspatel glatt streichen und die Böden aufeinanderschichten.
- Die Torte mit dem restlichen Rahm rundherum einstreichen, dann mithilfe eines Teigschabers die Schokoladenspäne rundherum, von unten nach oben, auftragen. Nach Belieben mit gezuckerten Rosenblättern ausgarnieren.

Hackfleisch-Pies
MIT WACHTELEI

FÜR EIN MUFFINBLECH MIT 12 VERTIEFUNGEN

FÜR DEN TEIG

200 G	MEHL
1 PRISE	SALZ
100 G	BUTTER, IN STÜCKCHEN
2–3 EL	WASSER
	MEHL FÜR DIE ARBEITSFLÄCHE
1	VERQUIRLTES EI ZUM BESTREICHEN

FÜR DIE FÜLLUNG

100 G	SPECK, IN SCHEIBEN
1 BUND	FRÜHLINGSZWIEBELN
1 BUND	SCHNITTLAUCH
1 BUND	PETERSILIE
225 G	RINDERHACKFLEISCH
1 PRISE	CHILIFLOCKEN
	SALZ, FRISCH GEMAHLENER PFEFFER
EINIGE	ZERSTOSSENE FENCHELSAMEN
12	WACHTELEIER

- Für den Teig Mehl und Salz in eine Schüssel geben. Die Butterstückchen dazugeben und mit den Händen in das Mehl einarbeiten, bis das Mehl die Struktur von Brotkrümeln hat. Nur gerade so viel Wasser dazugeben, dass der Teig zusammenhält, aber nicht zu feucht wird. Den Teig zu einer Kugel formen, diese flach drücken und in Klarsichtfolie gewickelt im Kühlschrank ruhen lassen.
- Den Ofen auf 200 Grad vorheizen.
- Für die Füllung die Speckscheiben und die Frühlingszwiebeln klein schneiden. Die Kräuter waschen, trocken schütteln und fein hacken. Dann alle Zutaten für die Füllung bis auf die Wachteleier vermischen und mit den Gewürzen abschmecken.
- Die Wachteleier in kochendes Wasser geben und weich kochen (das dauert knapp 3 Minuten), dann in eiskaltem Wasser abschrecken und schälen.
- Den Teig auf einer bemehlten Arbeitsfläche ausrollen und daraus 12 Teigkreise à 9 cm Durchmesser sowie 12 Deckel à 7 cm Durchmesser ausstechen. Mit den größeren Teigkreisen die Vertiefungen des Muffinblechs auslegen. Die Vertiefungen bis zur Hälfte mit der Fleischmasse füllen. Jeweils 1 Wachtelei daraufsetzen und mit Fleischmasse bedecken. Die Teigränder mit etwas verquirltem Ei bestreichen, die Teigdeckel daraufsetzen und die Ränder gut andrücken, damit die Pies fest verschlossen werden. Mit einem scharfen Messer in der Mitte des Teigdeckels ein kleines Loch ausstechen und die Pies mit dem restlichen verquirlten Ei bestreichen.
- Die Pies im vorgeheizten Ofen auf der mittleren Schiene etwa 20 Minuten backen, dann die Ofentemperatur auf 160 Grad reduzieren und die Pies weitere 25–30 Minuten backen, bis der Teig goldgelb und die Füllung gar ist. Kurz in der Form auskühlen lassen, dann vorsichtig aus der Form lösen und servieren.

Die »Galette des Rois« ist die französische Variante unseres Dreikönigskuchens. Meine Freundin Marguerite Joly (eine Französin) hat diesen Kuchen – »très joli!« – am Dreikönigstag einmal für uns gebacken. Klassisch mit einer Mandelmasse zubereitet, reizt mich die Kombination von Pistazie und Aprikose. Glücklich, wer als König in diesen Kuchen gebacken und von einem Glückspilz entdeckt wird.

Galette des Rois

MIT APRIKOSEN UND PISTAZIEN

750 G	BLÄTTERTEIG
2	EIGELB, VERQUIRLT, ZUM BESTREICHEN

FÜR DIE FÜLLUNG

100 G	WEICHE BUTTER
150 G	ZUCKER
1	EI
100 G	GEMAHLENE PISTAZIEN
1 EL	MEHL
½ TL	GEMAHLENE ZIMTBLÜTE
250 G	APRIKOSEN AUS DER DOSE
1 KLEINE	KÖNIGSFIGUR AUS PLASTIK

FÜR DIE GLASUR

75 ML	WASSER
75 G	ZUCKER

- Für die Füllung die Butter in der Küchenmaschine so lange rühren, bis sich kleine Spitzen bilden. Dann nacheinander Zucker, Ei, gemahlene Pistazien, Mehl und Zimt dazugeben.
- Den Blätterteig ausrollen. Aus dem Teig einen Kreis von circa 24 cm Durchmesser und einen zweiten, größeren Kreis von circa 26 cm ausschneiden. Den kleineren Kreis als Boden auf ein Blech geben und den Rand mit verquirltem Eigelb bestreichen. Die Pistazien-Butter-Creme daraufgeben, dabei einen Rand von 2 cm aussparen.
- Die Aprikosenhälften gut abtropfen lassen, halbieren und fächerartig auf der Creme anrichten. Die Königsfigur in die Füllung stecken und diese mit dem größeren Teigkreis bedecken. Die Teigränder etwas andrücken und als Dekor den Rand in gleichmäßigen Abständen nach Belieben etwas einschneiden. Den Teigdeckel mit dem restlichen Eigelb bestreichen und mit der Spitze eines scharfen Messers mit geschwungenen Linien einschneiden. 1 Stunde kühl stellen.
- In der Zwischenzeit den Ofen auf 200 Grad vorheizen.
- Den Kuchen im vorgeheizten Ofen 25–30 Minuten goldgelb backen. Herausnehmen und leicht abkühlen lassen.
- Unterdessen für die Glasur Wasser und Zucker aufkochen und 5 Minuten einkochen lassen. Die noch warme Galette mit dem Zuckerwasser bestreichen und sofort servieren.

Ich widme dieses Rezept Daniel Humm, der jetzt bestimmt lachen wird. Er hat es vom Schweizer »Rüebliland« ins Herz von New York City und zum besten Koch von ganz Amerika geschafft, ohne dabei zu vergessen, wie man ein richtig gutes »Rüebli« kocht. Ich backe damit den Rüeblikuchen, mit dem wir daheim aufgewachsen sind. Die Frischkäseglasur kam mit den Jahren dazu und kann problemlos weggelassen werden. Nur bei den Marzipankarotten kenne ich kein Pardon, die müssen in jedem Fall auf den Kuchen!

MEIN Rüeblikuchen

FÜR EINE SPRINGFORM VON 24 CM DURCHMESSER ODER EINE KASTENFORM VON 30 CM LÄNGE

FÜR DEN TEIG

200 G	BUTTER
350 G	MEHL
15 G	BACKPULVER
125 G	WEISSER ZUCKER
125 G	BRAUNER ZUCKER
1 PRISE	SALZ
3 TL	GEMAHLENE ZIMTBLÜTE
1 PRISE	GEMAHLENE NELKEN
250 G	FEIN GERIEBENE KAROTTEN
250 G	GEMAHLENE MANDELN
1	UNBEHANDELTE ZITRONE, SAFT UND ABGERIEBENE SCHALE
4	EIER
8–10	MARZIPANKAROTTEN ZUM GARNIEREN

FÜR DIE GLASUR

1	UNBEHANDELTE ZITRONE, ABGERIEBENE SCHALE
1 EL	ZITRONENSAFT
200 G	DOPPELRAHMFRISCHKÄSE (Z. B. PHILADELPHIA)
250 G	PUDERZUCKER

- Den Ofen auf 180 Grad vorheizen. Die Form mit Backpapier auskleiden.
- Die Butter in einem Topf schmelzen und auskühlen lassen. Das Mehl mit dem Backpulver vermischen. Zucker, Salz, Gewürze, geriebene Karotten, gemahlene Mandeln, Zitronensaft und -schale mit der Butter und den verquirlten Eiern vermischen. Gut verrühren, bis ein gleichmäßiger feuchter Teig entstanden ist. Den Teig in die vorbereitete Form füllen.
- Den Kuchen im vorgeheizten Ofen auf der zweiten Schiene von unten 50–60 Minuten backen. Unbedingt die Stäbchenprobe machen, um zu kontrollieren, ob der Kuchen durchgebacken ist. Aus dem Ofen nehmen und auskühlen lassen, dann aus der Form nehmen.
- Für die Glasur alle Zutaten vermischen und auf den ausgekühlten Kuchen geben. Den Kuchen mit den Marzipankarotten ausgarnieren.

TIPP

Der Kuchen hält sich in Frischhaltefolie gewickelt 3–4 Tage im Kühlschrank frisch.

Schokoladen-Ganache-Tarte
MIT CRÈME CHANTILLY

FÜR EINE TARTEFORM VON 24 CM DURCHMESSER MIT HERAUSNEHMBAREM BODEN

FÜR DEN TEIG

200 G	MEHL
25 G	KAKAOPULVER
50 G	PUDERZUCKER
150 G	BUTTER, IN STÜCKCHEN
3	EIGELB
ETWAS	VANILLEEXTRAKT

FÜR DIE GANACHE

250 ML	VOLLRAHM (SCHLAGSAHNE)
300 G	FEINSTE SCHOKOLADE (60 % KAKAOANTEIL)

FÜR DIE CRÈME CHANTILLY

250 ML	VOLLRAHM (SCHLAGSAHNE)
1	VANILLESCHOTE, MARK
40 G	ZUCKER

- Für den Teig Mehl, Kakaopulver und Puderzucker mischen und in eine Schüssel sieben. Die Butterstückchen dazugeben und mit den Fingern unter die Mehlmischung reiben, bis sie die Konsistenz von Brotkrümeln angenommen hat. Dann Eigelbe und Vanilleextrakt dazugeben und alles zu einem Teig kneten. Den Teig aus der Schüssel nehmen, erneut kurz durchkneten, dann zu einer Kugel formen und in Klarsichtfolie gewickelt im Kühlschrank ruhen lassen.
- Den Ofen auf 180 Grad vorheizen.
- Den Teig zwischen zwei Lagen Backpapier oder Klarsichtfolie rund ausrollen und die Tarteform damit auskleiden. Den Teigboden mit Backpapier belegen und mit Hülsenfrüchten beschweren. Im vorgeheizten Ofen auf der mittleren Schiene 15 Minuten blind backen. Dann Hülsenfrüchte und Backpapier entfernen und den Teigboden weitere 10 Minuten im Ofen fertig backen. Herausnehmen und auskühlen lassen.
- Für die Ganache den Rahm vorsichtig erhitzen, die Schokolade dazugeben und den Topf vom Herd nehmen. Kurz stehen lassen, dann die Schokolade vorsichtig mit einem Schwingbesen von innen nach außen mit dem warmen Rahm zu einer sämigen Masse verrühren. Den ausgekühlten Tarteboden damit füllen und bei Zimmertemperatur (oder im Kühlschrank) fest werden lassen.
- Für die Crème Chantilly den Rahm steif schlagen. Kurz vor Schluss das Vanillemark und den Zucker dazugeben. In einen Spritzbeutel mit gezackter Tülle geben und die Tarte damit ausgarnieren.

TIPP

Den Tarteboden mit Himbeeren belegen, mit Passionsfruchtsauce oder Lemon Curd ausstreichen oder ein fruchtiges Kompott dazu reichen (z. B. eingemachte Ingwer-Aprikosen, siehe Seite 78).

Ganz einfach und ursprünglich ist manchmal doch das Beste. Genauso ist es mit dieser köstlichen Apfeltarte, die mit einer Handvoll Zutaten zubereitet wird und doch (oder vielleicht gerade deshalb) perfekt schmeckt. Unbedingt darauf achten, dass der Teigboden schön knusprig gebacken ist, nur so entsteht das Wechselspiel von knusprigem Boden und sanft gebackenem Apfel.

Französische Apfeltarte

1 PAKET	BLÄTTERTEIG (270 G)
2–3 EL	APFELKOMPOTT ODER APFELMUS
1	EI
ETWAS	MILCH
5	ÄPFEL (GOLDEN DELICIOUS ODER GALA)
ETWAS	QUITTENGELEE

- Den Ofen auf 200 Grad vorheizen.
- Den Blätterteig rund ausrollen (ca. 30 cm Durchmesser) und auf ein Backblech geben. Mit einem scharfen Messer vorsichtig einen Rand von ½ cm einritzen, dabei den Teig aber nicht durchschneiden. Mit einer Gabel den Teigboden mehrmals einstechen. Das Apfelkompott oder Apfelmus gleichmäßig auf dem Teigboden verstreichen. Das Ei mit der Milch verquirlen und den Teigrand damit bestreichen.
- Die Äpfel schälen, entkernen und in hauchdünne Scheibchen schneiden. Diese von außen nach innen dachziegelartig überlappend auf dem Teigboden auslegen.
- Die Tarte im vorgeheizten Ofen auf der mittleren Schiene etwa 20 Minuten backen. Dabei dürfen die Äpfel etwas Farbe annehmen und der Boden soll knusprig werden. Aus dem Ofen nehmen und auf einem Gitter auskühlen lassen.
- Quittengelee mit wenig Wasser in einem Topf bei kleiner Hitze erwärmen. Die Tarte mit dem warmen Quittengelee bestreichen und servieren.

Der Schnee deckt den Garten mit seiner Flockendecke schützend zu und bringt einen ganz eigenen Zauber ins Land. Auf langen Spaziergängen kreisen die Gedanken um Schokolade, Zimt und Mandarinen. Und wenn einem dabei die Nasenspitze zum Eiszapfen wird, dann gibt es zu Hause kein schöneres Willkommen als einen frisch gebackenen Apfelkuchen.

Rezeptverzeichnis

Antipasti-Brotring 47
Apfelstrudeltorte 36
Apfel-Taleggio-Tarte 101
Apfelkuchen, Amsterdamer 26
Apfeltarte, französische 152
Apfeltarte, rustikale, mit Kardamom und Zimt 96
Aprikosen-Tartelettes 82
Basilikum-Ricotta-Tarte mit Pfirsich und Parmaschinken 73
Beeren-Meringue-Rolle 76
Berrycake, I miss New York 64
Biercake mit Steinpilzen und Thymian 103
Brownies, Cream-Cheese 128
Cheesecake im Glas mit Mirabellen 94
Cheesecake, Crème-fraîche-, mit Feigenkompott 62
Cheesecake, Ricotta-, mit pochiertem Rhabarber 24
Cherry Pie 80
Dampfnudeln mit Ingwer-Aprikosen und Kardamom-Vanille-Sauce 78
Death by chocolate 20
Éclairs 108
Erdbeer-Biskuittorte 74
Erdbeertarte mit Mascarponecreme 28
Fenchel-Piroggen 91
Galette des Rois mit Aprikosen und Pistazien 146
German Pancake mit frischen Früchten 68
Gougères mit Thymian und Muskatnuss 85
Gugelhupf mit getrockneten Aprikosen 19
Hackfleisch-Pies mit Wachtelei 145
Hefekranz mit Zitronenglasur 34
Kartoffelstrudel mit Salbei 105
Lachscake mit Dill 127
Lachsquiche 23
Lauch-Calzone 31
Limettentarte 38
Macarons mit Vanille-Buttercreme 55
Madeleines mit Orangenblütenwasser 42
Malakoff-Torte mit Nektarinen 66
Marmorkuchen mit Zimt und Kardamom 134
Paris-Brest 140
Pastis Gascon 138
Pflaumen-Haselnuss-Tarte, glasierte 92
Pilz-Galettes mit Ricottafüllung 99
Pilzstrudel mit Taleggio 107
Pilztörtchen mit Dill, cremige 117
Profiteroles 18
Randen-Blutorangen-Pizza mit Haselnussteig 137
Ricotta-Pasta-Tarte mit Schokolade 32
Rüeblikuchen 148
Schinkengipfel mit Zimt 126
Schokoladen-Frangipane mit Birnen 118
Schokoladen-Ganache-Tarte mit Crème Chantilly 150
Schokoladen-Zimt-Kuchen mit Beeren 54
Sommerfrucht-Tarte 56
Steinobst-Tarte mit Pistazien 60
Tarte Tatin mit Zwiebeln und Kartoffeln 45
Tomatencake 113
Tomaten-Galette mit Ricotta 59
Weihnachts-Schwarzwäldertorte 142
Zitronencake, getränkter 130
Zitrus-Ricotta-Tarte mit Pinienkernen 132
Zucchini-Schokoladen-Cake mit Pistazien 115

Thank you

MEINER FAMILIE – die mich in meiner Arbeit immer unterstützt, auch wenn ich oft unterwegs und selten zu Hause bin. Mami, die mich schon als Kind die perfekte Aprikosenwähe und vieles mehr lehrte und damit den Grundstein für meine Arbeit gelegt hat.
SANNA ANDRÉE-MÜLLER – ich könnte mir keine bessere Grafikerin wünschen! Danke für deine sorgfältige, große Arbeit an diesem Buch. Du schaffst es perfekt, meine Ideen umzusetzen. You have a heart of gold.
TANJA GRANDITS – für unsere schöne Freundschaft, die so gut ist, dass wir auch im furchtbarsten Moment trotzdem lachen können. Unsere NY-Abenteuer, ich freue mich schon auf das nächste! Es ist ein Geschenk, dass wir uns begegnet sind. Unsere Arbeit inspiriert mich immer wieder aufs Neue, und ich lerne dabei so viel. Du hast recht: Der Kardamom, dieser Schlingel, er macht einfach alles besser!
Lieben Dank auch an alle anderen KÖCHE und PÂTISSEURE, die mich in meiner Arbeit und in meinem Leben begleiten, auch wenn sie alle viel, viel besser backen und kochen als ich, mich aber trotzdem immer in ihrer Küche willkommen heißen und mich mit ihrer Arbeit inspirieren. Allen voran DANIEL HUMM vom »Eleven Madison Park« in New York für deine Freundschaft, deine Großzügigkeit und unsere inspirierenden Gespräche. With you it's always laughter, courage and awesomeness!
TARA FISHER – did it only take a cup of tea at »Liberty« to make you work with me? I am very thankful, that you believed in this book from the beginning on and for all the amazing work you put into it. I think it's a jewel! I have admired your work for so many years and I still have to pinch myself that you photographed my own book now. You are an amazing talent!
ANNIE RIGG – I don't know where to begin … Thank you for literally firing on all ovens! Thank you for your hard, hard work and your generosity, the props, the flowers, the everything. You make my food look so pretty, and it's wonderful to laugh with you. What a joy we met!
PATRICK KAESTLI, Make-up-Artist par excellence – Lord knows I need you! Es war nur eine Frage der Zeit, dass wir uns endlich getroffen haben. Danke, dass du mit mir nach London gereist bist, und ein Dankeschön auch an BOBBI BROWN und KEVIN MURPHY für die Produkte.
URS HUNZIKER und dem ganzen AT-Team für das Vertrauen in meine Arbeit, die konstruktiven Gespräche und den Glauben an dieses Buch. Und auch für die große Geduld … Der Abgabetermin macht mir leider nur Spaß, wenn er mir voll im Genick sitzt!
ANGELA BOGGIANO – I was only able to do this book because you allowed this young swiss girl to come and work with you in London. With you I learnt the basics of food-writing and -styling. I'm so happy we stayed in each others lives and I insist we do so in the future. Too many giggles, sunday roasts and good times! I also have to send out love to SILVANA FRANCO and JENNY WHITE who also dealt with me back in the days, I still think back often and there are only good memories! Thank you for everything FORK ladies.
MILA, TOM, KIKI, RANA and LULU TUTTLE. Thank you so much for giving me a wonderful home and kitchen in New York City. For our friendship, the time and laughter we share together. It was the best surrounding to write a baking-book. I still can't believe that I rented an apt next door from you back in the days – it's like it was meant to be for us to meet.
FERDY TUMAKAKA – for being the best New York neighbour one could ask for, our morning chats in pyjamas (me!) and for filling the house with your piano-music while I was baking upstairs. It always set such a happy mood for my work.
TO ALL MY FRIENDS from near and far – you are too many to mention but you all know who you are! I thank you for spending your life with me, the time we spend in the kitchen and at the table. You all fill my life with so much joy and love and I am so thankful for all your unconditional support in whatever I do. It's not always easy to be my friend because I travel so often. You all must know that I always miss you when we are not together. In a good way also, because at the same time I always look forward to seeing you again! My life would be nothing without you – and I am happy and thankful to see how you all get along together. It makes me think we chose each other well. Some people are glitter – you all are gold!